Molekulare Küche

rolf caviezel

molekulare küche

do it yourself

Danke

Nach langer, harter Arbeit mit
Kreieren, Ausprobieren und Kom-
ponieren ist es vollbracht: ein
Buch ist entstanden.
Mein Dank geht an meine Familie,
die mich noch öfter als sonst
entbehren musste. Ohne sie und
die Unterstützung meiner
Frau wäre dieses Projekt nicht
vollendet worden.
Mein Dank geht an den Verlag,
der mir das Vertrauen geschenkt
und mich bei der Umsetzung
des Projektes unterstützt hat.
Dank verdienen auch meine
beruflichen Förderer, mein wissen-
schaftlicher Freund Christoph
und viele Berufskollegen.
Dank gebührt auch den Sponsoren,
die mir ihre Unterstützung ange-
boten haben.

Siebte Auflage 2023

© 2008 Fona Verlag AG, 5600 Lenzburg | Lektorat: Léonie Schmid | Gestaltung: FonaGrafik, Petra Niederberger

Foodbilder: Andreas Thumm, Freiburg i. Br. | Lithos: FonaGrafik | Druck: Druckerei Himmer GmbH, Augsburg | ISBN 978-3-03780-357-8

molekulare küche

molekulare

danke

Inhaltsverzeichnis

Öliges, Süßes, Geräuchertes

Aus flüssigem Stickstoff

Grundrezepte

Wo nicht anders erwähnt, sind die Rezepte für 4 Personen berechnet.

Vorwort

Molekularküche –
Was ist neu, was bietet sie?

Seit Jahrhunderten kochen wir molekular, jeder Kochprozess, auch das Kochen von Wasser, ist ein molekularer Prozess.
Wir verwenden Hilfsmittel und Texturen/Stoffe aus der Lebensmittelindustrie und setzen sie beim Kochen ein und verändern damit die Form und Struktur eines Lebensmittels. Auch da brauchen wir die Wissenschaft. Ich habe mein Know-how bei einem Freund, Dr. phil. nat. Christoph Bieniossek, der Biochemiker/Molekularbiologe ist, geholt.
Was ist ein Koch ohne Wissenschaftler und ein Wissenschaftler ohne Koch, wenn in der Ernährung Neues entstehen soll?!

Mit der Molekularküche öffnen sich gleich mehrere Türen. Man kann sie in der Trendküche oder in der Gourmetküche einsetzen. Oder, was viele noch nicht wissen: sie ist für die Ernährung betagter Menschen prädestiniert. Denken wir zum Beispiel an Demenzkranke, welche die molekularen Häppchen gleich von der Hand in den Mund stecken können.

Dieses Kochbuch will Sie mit «meiner» Molekularküche vertraut machen. Kommen Sie mit auf die Reise in eine andere, faszinierende Kochwelt!

Rolf Caviezel

Philosophie

Meine Küche ist ein Mix von Kunst, Geschmack und Spielerei. Manchmal braucht es auch ein wenig Mut, Neues auszuprobieren. Kochen soll aber in erster Linie Spaß machen und ab und zu Grenzen sprengen.

Selbstverständlich müssen bei der Kreation von Rezepten ein paar Faktoren stimmen.

Produkt | Das Roh- respektive Urprodukt ist eines der wichtigsten Elemente. Denn das Ausgangsprodukt bestimmt den Geschmack, die Farbe und das Aussehen der Speise.

Geschmack | Die Texturen (siehe folgende Seiten) verstärken den Geschmack.

Aussehen | Die Farbe einer Speise soll kräftig, natürlich und attraktiv sein. Die Menschen lassen sich vor allem über die Farben ansprechen/abholen. Farben bringen uns Menschen zum Nachdenken, zum Staunen, sie regen die Fantasie an und lösen die Zunge.

Texturen | Die Texturen sollen weder den Menschen noch den Gaumen überfordern und ein Genuss sein. Dank verschiedenster Texturen können die Lebensmittel in ein neues Kleid schlüpfen.

Spiel | Natürlich sollte man mit den Nahrungsmitteln nicht spielen; dafür sind sie zu wertvoll. Aber das ist hier auch nicht gemeint. Mit dem Spiel meine ich die Verwandlung, das neue, andere Kleid.

Kombination | In der Molekularküche gibt es kaum Grenzen, außer dass mit jedem Lebensmittel respektvoll umgegangen werden sollte. Dank dem Aufbrechen von Grenzen kann Neues, können neue Kombinationen entstehen.

Auch in der Molekularküche verlässt man sich bei der Kreation von Rezepten auf Verstand, Augen, Nase und Gaumen.

Auch gehe ich neue Wege bei der Namensgebung der Speisen. Saucen werden mit Farben betitelt, dünne Gelees sind ein Film.

Texturen und Hilfsmittel

Um Beschaffenheit, Zusammensetzung oder Struktur eines Lebensmittels zu verändern, benötigen wir verschiedene Texturen und Hilfsmittel. Es gibt unzählige Arten. In diesem Kapitel werden wir die Texturen genauer betrachten, die in meinen Rezepten häufig verwendet werden und ein wesentlicher Bestandteil der Molekularküche sind.

Algin/Alginsäure/Alginate

Algin oder auch Alginsäure ist ein wichtiger Bestandteil der Braunalgen und für die Flexibilität und die Festigkeit der Zellen verantwortlich. Es wird in den Zellwänden der Alge produziert und ist eine intrazelluläre Gelmatrix (befindet sich zwischen den Zellen). Algin ist ein Polysaccharid (Vielfachfachzucker) und besteht aus Elementen der Guluron- und Mannuronsäure und wird meist durch Extraktion und Ausfällung direkt aus der Alge gewonnen. Ferner ist es ein Nebenprodukt bei der Gewinnung von Jod aus Braunalgen.

Je nach Polymerisationsgrad (die Verknüpfungen der einzelnen Zuckerbausteine) bestehen die Zuckerketten aus 100 bis 3000 Einheiten. Auch spielt die Verknüpfung der Zuckerbausteine untereinander eine wichtige Rolle. Es gibt vier Arten von Bindungen: GG-Blöcke (Guluronate untereinander verknüpft), MM-Blöcke (Mannuronate untereinander verknüpft) und MG- sowie GM-Blöcke (Verknüpfung von beiden Bausteinen).

Physikalische und chemische Eigenschaften der Alginate werden primär durch das Verhältnis und die Verteilung der einzelnen Blocktypen in der Polymerkette bestimmt. Die variieren je nach Braunalgenart und dem morphologischen Bereich der Pflanze. Ferner können Herkunft und Reifegrad sowie saisonale Bedingungen die Alginat-Zusammensetzung beeinflussen.

Ein weiterer wichtiger Bestandteil, der die Viskosität von Alginatlösungen bestimmt, ist das jeweilige Gegenion (z. B. Kalzium, Kalium, Natrium oder Magnesium), welches sich in die Zickzackstruktur des Polysaccharides einlagern kann (Bild Seite 10). Die Einlagerung der Ionen führt zur Bildung einzelner Zuckerketten untereinander und somit zur Ausbildung dreidimensionaler Strukturen. Da diese Reaktion sehr schnell abläuft, wird in der Praxis meist mit dem gezielten Zusatz von Kalziumionen (siehe auch Kalziumchlorid und Calciumlactat oder mit dem Ansäuern von Natriumalginatlösungen gearbeitet. So können Gelees, Fasern und Filme in den gewünschten Dimensionen hergestellt werden. Alginate werden in der Lebensmittelindustrie schon lange eingesetzt, so bei der Herstellung von Puddings, Backwaren (Geleebildung), Eiscremes, Saucen, Suppen, Dressings für Salate (Verdickung, Stabilisierung) und als Schutzfilm für Fleisch und Tiefkühlprodukte.

In der molekularen Küche wird Algin primär für die Sphärifizierung (Verkugelung) von Flüssigkeiten eingesetzt und ist damit eines der wichtigsten Ausgangsprodukte. Es ist unverzichtbar bei der Herstellung von künstlichem Kaviar (z. B. Melonenkaviar) und ähnlichem. Wird es richtig verarbeitet, bilden sich kompakte Kugeln/Sphären mit fester Oberfläche und flüssigem Innenleben. Dieses hitzebeständige Gelee wird für kalte und warme Speisen eingesetzt .

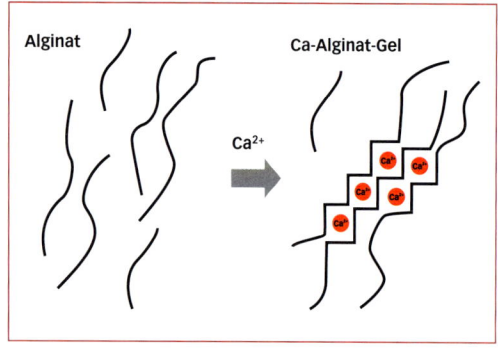

Polymerisation von Alginat mittels Ca^{2+}

Kalziumchlorid/Calcic

Kalziumchlorid $CaCl_2$, auch Calcic genannt, ist ein Chlorid des Erdalkilimetalls Kalzium und kommt in der Natur gelöst in Salzsolen vor. In seiner Reinform bildet das Salz farblose Kristalle und ist im wasserfreien Zustand stark hygroskopisch (wasseranziehend). In Verbindung mit Wasser wird $CaCl_2$ bei starker Erwärmung zu einem Hexahydrat-Komplex (umgeben von 6 Wassermolekülen).

$CaCl_2$ + H_2O	$\rightarrow$	$CaCl_2$ x 6 H_2O + ΔH
Kalziumchlorid	Wasser	reagiert zu
Wasserumlagertes $CaCl_2$	Wärme	

Anderseits führt das Auflösen von $CaCl_2$ in einen Hydrat-Komplex im Wasser zu einer Abkühlung der Umgebung. Aufgrund seiner hygroskopischen Eigenschaft wird das wasserfreie $CaCl_2$ oft als Trocknungsmittel verwendet. In der Lebensmittelindustrie ist es Festigungsmittel, Geschmacksverstärker und Stabilisator. Es wird unter anderem bei der Trinkwasseraufbereitung und bei der Oberflächenbehandlung von Obst eingesetzt. Ferner wird $CaCl_2$ in der Lebensmittelindustrie zur Gerinnung von Eiweiß und für die Produktion von Tofu und ähnlichen Produkten eingesetzt. Seine exothermen Hydratationseigenschaften (Wärmeentwicklung bei Kontakt mit Wasser) werden außerdem bei der Erwärmung von Fertiggetränken genutzt.

In der molekularen Küche wird $CaCl_2$ oft in Kombination mit Algin oder Gellan verwendet, so zum Beispiel bei der Herstellung von künstlichem Kaviar und von membranähnlichen Strukturen. Hierbei lagern sich die Kalium-ionen (Ca^{2+}) des Salzes zwischen den Zuckersträngen ab und führen so zur Polymerisation der Zuckerstränge (Geleebildung, Grafik nebenan, links).

Agar-Agar/Agar

Agar-Agar hat unterschiedliche Namen: Agar (malaiisch), Agertang, Ceylontang oder Ceylonmoos, Gelose, Japanischer Fischleim, Japanische Gelatine, Chinesische Gelatine oder auch Pflanzen-gelatine. Agar-Agar ist ein wichtiger Bestandteil der Zellwände der Rotalgen und Seegräser und mit Carrageen für die Flexibilität und Festigkeit der Organismen verantwortlich. Agar-Agar ist ein Polysaccharid (Vielfachzucker), welches mehrheitlich aus Elementen der Galactopyranose und Anhydro-Galactopyranose besteht. Es ist nicht genau definier-bar, da es eine nur wenig homo-gene Matrix bildet.

Agar-Agar ist ein gutes Geliermittel, welches von der Umgebung unabhängig ist und schon in einer Konzentration von etwa 1 % festes Gelee formt. Ein halber Tee-löffel Agar-Agar entspricht der Gelierkraft von vier Gelatineblättern. Im Gegensatz zu Algin und Gellan ist Agar-Agar nicht auf Ionen angewiesen, um eine Gelmatrix zu formen. Es wird in heißem Was-ser gelöst und geht beim Abkühlen (ca. 45 °C) in seine feste Form über. Das Gelee ist je nach Konzent-ration und Produkt bis etwa 100 °C stabil, es verflüssigt sich bei steigender Temperatur und verfestigt sich nach dem Abkühlen. Agar-Agar ist ideal für die Herstellung heißer und kalter fester Gelees.

In der Lebensmittelindustrie wird Agar-Agar wegen des vergleichs-weise hohen Preises nur vereinzelt als Verdickungsmittel für Süß-waren, Suppen und Eiscremes ver-wendet. Hingegen wird es im Privathaushalt als Ersatz für Gelatine (ist im Gegensatz zu Gelatine rein pflanzlich) verwendet.

Agar-Agar wird in der molekularen Küche wie Algin und Gellan für Gelees eingesetzt. Es eignet sich jedoch nicht für die Sphärifizie-rung (Verkugelung) von Flüssigkeiten, weil es beim Abkühlen eine homo-gene Gelmatrix formt.

Agar-Agar ist eigentlich ein Ballast-stoff. Weil es sich aber im Stoff-wechsel anders verhält, kann es bei übermäßigem Genuss abführend wirken.

Nebst Verwendung als Lebens-mittel wird Agar-Agar häufig für Nährböden bei der Anzucht von Mikroorganismen in der Mikro-biologie verwendet, weil es beim Sterilisieren hohe Temperaturen (>120 °C) viel besser erträgt als Gelatine. Agar-Agar-Gelee hat einen höheren Schmelzpunkt als Gelatine-Gelee.

Natriumcitrat/Citras

Natriumcitrat ($C_6H_5Na_3O_7$) ist das Natriumsalz der Zitronensäure (E330). Es setzt sich aus 1 bis 3 Natriumionen (Na^+) und dem Citration ($C_6H_5O_7^{3-}$) zusammen, woraus sich auch die Namen Mono-, Di- oder Trinatriumcitrat ableiten. Natriumcitrat wird meist aus Zitrusfrüchten oder durch Neutra-lisation von Natronlauge mit Zitronensäure gewonnen; es hat einen leicht säuerlichen Geschmack und ist generell ungiftig. Wegen der starken antioxidativen Wirkung wird Natriumcitrat in der Lebensmittelindustrie häufig zur Vorbeugung von unan-sehnlichen dunklen Verfärbungen bei aufgeschnittenem Obst und Gemüse eingesetzt. Das ist

aber nicht der einzige Anwendungs-bereich. Es ist enthalten in Back-pulver, Backwaren, Fetten, Schmelz-käse, Milchpulver, Kondens-milch, Wein, Limonaden, Konfitüren, Eiscremes, Obst- und Gemüse-konserven, Produkten aus Fleisch und vielem mehr.

Natriumcitrat reguliert die Säure. Der pH-Wert von sauren Substanzen kann durch Zugabe von Natrium-citrat angehoben werden. In der Molekularküche wird Natrium-citrat beim Geliervorgang zum Regulator von sehr sauren Zutaten eingesetzt, etwa bei der Herstel-lung von künstlichem Kaviar, Frucht-ravioli und Ähnlichem. Der hohe Anteil an Kalziumionen dient zur Polymerisation der Zuckerketten von Algin oder Gellan.

Sucrose/Sucro

Sucrose oder Saccharose ist ein Disaccharid (Zweifachzucker), besser bekannt als Kristallzucker (weißer Zucker), Rohrohrzucker und Rübenzucker. Die zwei Zucker-bausteine der Sucrose sind je ein Molekül der Monosaccharide (Einfachzucker) Glucose und Fructose. Der farblose kristalline Feststoff wird industriell aus Zucker-rüben und -rohr gewonnen. Sucrose ist wasserlöslich, wobei die absolute Löslichkeit wie bei allen Feststoffen temperaturabhängig ist (sie nimmt mit steigender Temperatur zu). Erhitzt man Sucrose auf 185 °C, dann bildet sich bei der Zersetzung des Feststoffes eine braune Schmelze, die wir als Karamell kennen. Bei höheren Temperaturen oder längerem Erhitzen verbrennt der Zucker; es entstehen Zuckerkohle und ein übelriechendes Gas.

Sucro ist ein Zuckerester (Zucker mit Fettsäureanteil) und ein direktes Nebenprodukt der Saccharose nach der Reaktion mit Fettsäuren. Es wird zur Herstellung von Öl-in-Wasser-Emulsionen verwendet, weil es die Eigenschaft besitzt, sowohl auf Wasser als auch auf Fett basierende Substanzen zu einer Masse zu vereinen und zu verbinden (Emulsierung ist die Verbindung zweier Phasen, die sich normalerweise nicht verbinden lassen). Sucro muss zuerst in Wasser gelöst werden, um dann langsam mit der öl-/fetthaltigen Flüssigkeit vermengt zu werden.

Calciumlactat

Calciumlactat ist das Calciumsalz der Milchsäure, die ein natürliches Stoffwechselzwischenprodukt ist. In Lebensmitteln ist Calciumlactat als Säureregulator, Schmelzsalz und Festigungsmittel zugelassen. Es reguliert den Säuregehalt eines Lebensmittels oder dessen einzelner Bestandteile. Calciumlactat ist für Lebensmittel allgemein zugelassen, häufig findet man es in Konfitüren, Gelées, Marmeladen, Fleischwaren oder Weißbrot. In der Molekularenküche wird Calciumlactat zur umgekehrten Sphärenbildung eingesetzt. Dazu wird die Flüssigkeit mit Calciumlactat in ein Alginatbad getaucht.

Isomalt

Bei Isomalt handelt es sich um Zuckeralkohol, welcher auch als Isomaltitol oder 1-O-alpha-D-Glucopyranosyl-D-mannitol aufgeführt wird. Das Disaccharid (Zweifachzucker) besteht im Grundgerüst aus je einem Glucose- und Mannitolbaustein. Der Zuckeraustauschstoff ist ein natürliches Süßungsmittel, das entweder direkt aus der Zuckerrübe oder in einer mehrstufigen chemischen Reaktion aus Saccharose gewonnen wird.
Das Süßungmittel ist in der Regel als weiße, kristalline Substanz erhältlich. Trotz einer Süßkraft, die nur in etwa halb so intensiv ist wie die des normalen Haushaltszuckers (siehe Saccharose), besitzt Isomalt den natürlichen Geschmack des Zuckers. Die Verstoffwechselung von Isomalt – anders als bei den meisten anderen Zucker-

13

arten – ist unabhängig von Insulin und damit auch für Diabetiker geeignet. Es ist trotz der Süßkraft zahnfreundlich.

Isomalt ist hitze- und säurestabil und harmoniert bestens mit anderen Süß- und Zuckeraustauschstoffen. Dank geringer Hygroskopizität (Fähigkeit, Feuchtigkeit zu binden) eignet es sich zur Produktion von nicht klebrigen Süßwaren, beispielsweise von Bonbons.

In der Lebensmittelindustrie und Molekularküche wird Isomalt gerne als Süßungsmittel für zuckerfreie und/oder kalorienarme Lebensmittel verwendet. Enthalten ist es in Saucen, Schokolade, Bonbons, Kaugummi, zuckerfreien Desserts und Süßwaren.

Das schwerverdauliche Kohlenhydrat regt die Darmtätigkeit und damit die Verdauung an. Ein übermäßiger Konsum kann jedoch zu Durchfall, Bauchschmerzen oder Blähungen führen.

E953
– Isomalt gilt als unbedenklich.
– Es müssen keine Sicherheitsregeln beachtet werden.

Glucose

Glucose ist ein Monosaccharid (Einfachzucker), dem die meisten vermutlich unter dem Namen Dextrose oder auch Traubenzucker schon begegnet sind. Glucose entsteht als Nebenprodukt bei der Photosynthese von Pflanzen (Spaltung von Sucrose in seine Bestandteile) und wird meist aus der vollständigen enzymatischen Spaltung von Stärke (ein Vielfachzucker, zum Beispiel aus Kartoffeln oder Mais) gewonnen. Glucose ist für Pflanzen und Tiere eine wichtige Energiequelle und wird für die Synthese von Aminosäuren und Lipiden verwendet.

Der weiße, süßliche Feststoff ist in großer Menge wasserlöslich (470 g/Liter bei 20 °C). Bei der Auflösung findet eine strukturelle Veränderung der Zuckermoleküle statt. Der geschlossene Fünfring der Glucose kann sich nun öffnen und wieder schließen, was zu einem Gleichgewicht unter den verschiedenen Molekülen führt.

Gellan/Gelrite/Kelcogel

Gellan ist ein langkettiges, lineares Polysaccharid (Vielfachzucker), welches sich aus den Zuckerbausteinen Glucose, Glukuronsäure und Rhamnose zusammensetzt. Es wird mittels des Mikroorganismus Sphingomonas elodea auf zuckerhaltigem Nährboden hergestellt und durch Erhitzen und Filtration der Bakterien gewonnen. Der multifunktionale Geleebildner kann schon in einer geringen Konzentration aus Flüssigkeiten feste, klare Gelees formen, welche selbst bei wechselnder Temperatur (hitzebeständig bis 120 °C) und wechselndem Säuregrad stabil bleiben. In konzentrierten Salzlösungen verliert allerdings Gellan seine Gelierfähigkeit.

In der Lebensmittelindustrie verwendet man Gellan als Gelier- und Verdickungsmittel für Konfitüren, Füllungen für Backwaren, Süßwaren, Sojamilch und zahlreiche andere Produkte. Gellan ist ein Ballaststoff und damit verdauungsfördernd. Er kann bei entsprechender Veranlagung und bei einem übermäßigen Konsum eine abführende Wirkung haben.

In der Molekularküche kann Gellan allein oder in Kombination mit anderen Produkten, zum Beispiel mit Natriumcitrat oder Zucker, eingesetzt werden und wird für die Sphärifizierung (Verkugelung) von Flüssigkeiten und für die Geleebildung verwendet. Gellan ist in unterschiedlicher Zusammensetzung erhältlich, wobei die verschiedenen Arten sich meist im Acylgehalt unterscheiden. Ein niedriger Acylgehalt führt zu sehr klaren, unelastischen, brüchigen Gelees. Produkte mit höherem Acylgehalt ergeben eine weichere und stabilere Geleematrix. Im Vergleich zu Agar-Agar wird nur die halbe Menge an Gellan benötigt, um ein Gelee

gleicher Festigkeit herzustellen. Wie auch bei Algin sind zweiwertige Ionen (beispielsweise Ca^{2+}) nötig, um eine entsprechende Geleebildung zu erreichen. Auch hier kommt es zur Einlagerung der Ionen zwischen die Zickzackstrukturen der Zuckerketten und damit zur Polymerisation der Polysaccharide.

(Soja-) Lecithin

Lecithin ist eine Phospholipidmischung, die ein wichtiger Bestandteil der Zellwände ist. Mehrheitlich wird das Lecithin aus Sojabohnen gewonnen; andere Quellen sind Sonnenblumenkerne, Rapssaat, Erdnüsse, Maiskörner und Eigelb. Meist wird Rohlecithin durch Zentrifugieren direkt aus dem Extraktöl der Sojabohne gewonnen und anschließend zu anderen Lecithinformen weiterverarbeitet. Sojalecithin ist als goldbraune, viskose Flüssigkeit erhältlich und hat einen charakteristischen nussigen Geruch.

In der Lebensmittelindustrie wird Lecithin als natürlicher Emulgator zur Herstellung von Öl-in-Wasser-Emulsionen verwendet. Durch seinen hydrophilen (wasseranziehend) und lipophilen (fettanziehend) Anteil ist es fähig, diese zwei sonst nicht mischbaren Substanzen zu einer Masse zu vereinen (eine Emulsion ist die Verbindung von zwei Komponenten, welche sich normalerweise nicht verbinden lassen). Lecithin wird unter anderem in der Herstellung von Margarine, Mayonnaise und Schokoladenerzeugnissen eingesetzt. Als Antioxidans unterbindet es den verderblichen Einfluss des Sauerstoffes. Im Mehl verbessert es die Knet- und Formbarkeit von Teigen.

Xanthan

Bei Xanthan handelt es sich um ein langkettiges, lineares Polysaccharid (Vielfachzucker), welches sich aus den Zuckerbausteinen Glucose, Mannose und Galakturonsäure zusammensetzt. Rückgrat sind die Glucoseeinheiten. Die Trisaccharide (Dreifachzucker) bilden mit jeder zweiten Glucoseeinheit Seitenketten. Etwa die Hälfte der Seitenketten (zwei Mannose- und eine Glucuronsäureeinheit) hat an ihrem Ende noch zusätzlich Acetyl- und Brenztraubensäurereste. Gewonnen wird Xanthan durch die Umwandlung von zuckerhaltigen Substraten mittels Bakterien der Gattung Xanthomonas.

Das Gelier- und Verdickungsmittel Xanthan ist in vielen Produkten des täglichen Bedarfs enthalten. Shampoos, Zahnpasta, Lotions, Gleitmittel und Mascara enthalten Xanthan. In Lebensmitteln (Ketchup,

Milchprodukte, Süßwaren, Senf, Mayonnaise, Saucen u. v. m.) erhöht es die Viskosität. Seine pseudoplastische Eigenschaft garantiert, dass es im ruhenden Zustand eine hohe Viskosität aufweist und nach dem Schütteln weniger viskos ist und so eine ideale Fließeigenschaft aufweist. Emulsionen und Gelees besitzen dank Xanthan eine hohe Tau-Stabilität. Der weiße bis gelbliche Feststoff ist in kaltem und warmem Wasser gut löslich, er beginnt jedoch beim Kontakt mit wässrigen Lösungen zu quellen und erhöht bereits in kleinen Mengen (ca. 0,5 %) die Viskosität eines Gemisches. Das hat den Vorteil, dass der Geschmack eines Produktes dadurch nicht verfälscht wird. Die Stabilität ist weitgehend Temperatur- (bis ca. 90 °C) und pH-unabhängig. Die Lösungen sind bezüglich chemischen und enzymatischen Abbaus sehr widerstandsfähig. Die Verbindung von Johannisbrotkernmehl (Zusatzstoff E410) und Xanthan ergibt extrem hitzestabile Gelees. In der Molekularküche stabilisiert man mit Xanthan Emulsionslösungen.

Polyglycerinester von Speisefettsäuren/Glice

Polyglycerinester von Speisefettsäuren, zu welchen auch Glice zählt, sind Esterverbindungen von

Speisefettsäuren mit polymerisiertem Glyzerin. Glice besteht aus Mono- und Diglyzeriden. Erzeugt wird es chemisch aus der Verknüpfung von Glycerin mit Fettsäureresten; der künstliche Emulgator und Stabilisator hat eine hohe Stabilität in vielen Bereichen.

Polyglycerinester von Speisefettsäuren werden in erster Linie als Emulgatoren verwendet und können sowohl zur Herstellung von Öl-in-Wasser- als auch Wasser-in-Öl-Emulsionen gebraucht werden. Sie verhindern zudem, dass das Fett während des Erhitzens zu spritzen beginnt. In der Lebensmittelindustrie werden sie zur Herstellung von Backwaren, Süßwaren und Desserts benötigt, ferner zum Weißen von Getränken und zum Herstellen von Speisefett. Da es sich um fettähnliche Produkte handelt, werden sie auch wie Fett verwendet. Das flockenförmige Produkt muss wegen der ölähnlichen Struktur zuerst in einem fetthaltigen Umfeld gelöst werden, bevor es einer wässrigen Lösung beigegeben werden kann. Die Temperatur beim Auflösen sollte 60 °C nicht überschreiten.

Glice ist in der Molekularküche sehr gut dazu geeignet, mit Luft aufgeschlagene Lebensmittel stabil zu halten, zum Beispiel Schäume, Desserts und Saucen.

Methylzellulose/Metil

Methylzellulose, in der Molekularküche auch Metil genannt, ist chemisch gesehen ein Methyläther der Zellulose. Auch andere Zellulosemischäther zählen zu dieser Gruppe. Zellulose ist ein langkettiges Polysaccharid (Vielfachzucker), das sich durch Verknüpfung von Glucosemolekülen aus einzelnen Bausteinen zusammensetzt. Methylzellulose ist meist synthetisch und wird durch die Behandlung von Zellulose gewonnen. Es gibt verschiedene Formen von Methylzellulose, die sich in der Anzahl von ersetzten Hydroxylgruppen unterscheiden. Sie werden in DS-Einheiten (degree of substitution: Grad des Ersatzes) angegeben und liegen oft zwischen 1,4 und 2,5, können jedoch 3 Methylreste pro Glucoseeinheit erreichen (DS 3). Methylzellulose ist als weißes Pulver im Handel, welches unter ständigem Rühren (sonst klumpt es) in kaltem Wasser aufgelöst wird. In heißem Wasser ist es nur schwer löslich. Deshalb kommt es beim Erhitzen einer gesättigten Lösung in der Regel zur Präzipitation (Ausfallen) der Methylzellulose. Methylzellulose mit hohem DS-Wert ist durch die Zunahme der hydrophoben Gruppen (Wasser abweisend) schwerer löslich als ein Produkt mit einem kleinen DS-Wert. Methylzellulose wird vielseitig eingesetzt. Man begegnet ihr täglich: in Verdickungs-, Klebe-, Suspendier-, Emulgier-, Dispergier-, Binde-, Sedimentations-, Quell-, Gleit-, Flockungs-, Filterhilfs- und Wasserrückhaltemitteln. Zahnpasta, flüssiger Seife, Tapetenkleister, Mörtel und Gleitcreme gibt es die gewünschte Fließeigenschaft. Ferner wird es für die Herstellung von Brot und Papier eingesetzt.

Als Lebensmittelzusatzstoff wird Methylzellulose als Emulgator, Stabilisator, Verdickungs-, Überzugs- und Geliermittel verwendet. Es ist Bestandteil von Backwaren, Mayonnaise, Eiscreme, Tiefkühlkost, Instantprodukten und vielem mehr.

In der Molekularküche wird Methylzellulose insbesondere für die Gelifikation verwendet. Interessanterweise ist seine Wirkung genau umgekeht zu den bis jetzt vorgestellten Geliermitteln. Das zeigt sich insbesondere darin, dass es bei niedriger Temperatur eher verdickt und bei erhöhter Temperatur geliert (40–65 °C, je nach Produkt). Dieses Gel verflüssigt sich wieder, sobald die Masse unter ca. 40 °C abkühlt. Dieser Effekt wird unter anderem bei der Herstellung von «heißem» Eis genutzt.

Nach dem Auflösen in kaltem Wasser muss das Gemisch 12 bis 24 Stunden bei 4 °C gelagert werden, damit die Zellulose homogen von

Wassermolekülen umlagert werden kann (Quelleffekt). Methylzellulose wird vom Körper nicht verwertet. Es kann bei Verzehr von größeren Mengen durch seine starke hygroskopische Eigenschaft (Wasser anziehend) abführend wirken.

pH-Wert

Der Begriff pH-Wert leitet sich vom lateinischen pondus Hydrogenii beziehungsweise potentia Hydrogenii ab und bedeutet Gewicht/Kraft (pondus/potentia) des Wasserstoffs (hydrogenium). Es ist das Mass für die Stärke der sauren oder basischen Wirkung einer wässrigen Lösung. Definiert ist der dimensionslose (keine Einheit) pH-Wert als die logarithmische Größe des mit -1 multiplizierten dekadischen Logarithmus (Zehnerlogarithmus) der Oxoniumionenkonzentration (H_3O^+):

$$pH = -\lg([H_3O^+]\ dm^3/mol)$$
pH < 7 : sauer (0 = stark sauer)
pH = 7 : neutral
pH > 7 : alkalisch/basisch
(14 = stark alkalisch)

Säuren geben durch Dissoziation Wasserstoffionen (H^+) an das Wasser ab und verringern damit den pH-Wert. Basen geben entweder Hydroxylionen ab (OH^-), welche die Wasserstoffionen aus der Dis-

Bezeichnung	E-Nr.	Löslichkeit (20 °C)	Schmelzpunkt	Gefahren	pH-Stabilität
Alginsäure/Algin	E400	gut löslich in Wasser	abhängig von Gegenion und Konzentration	—	< 3 führt zur starken Geleebildung und Präzipitation
Natriumalginat	E401				
Kaliumalginat	E402				
Ammoniumalginat	E403				
Kalziumalginat	E404				
Propylenglycolalginat	E405				
Kalziumchlorid Calcic	E509	gut löslich in Wasser und Alkohol: 740 g/Liter	782 °C (wasserfrei) ca. 35 °C (Tetrahydrat)	reizend	stabil
Agar-Agar Agar	E406	löslich in heißem Wasser	je nach Zusammensetzung bei 60–90 °C	—	stabil
Glucose	—	gut löslich in Wasser: 470 g/Liter	146 °C	—	stabil
Calciumlactat	E327	gut löslich in Wasser: ca. 220 g/Liter	—	—	stabil
Sucrose	—	gut löslich in Wasser: 1970 g/Liter	190–192 °C	—	stabil
Sucro	—	begrenzt löslich in Wasser	49–56 °C	—	stabil
Natriumcitrat Citras	E331	gut löslich in Wasser: ca. 400 g/Liter	Zersetzung bei 150 °C	—	wird zur pH-Einstellung von sehr sauren Substanzen benutzt
Gellan Gelrite Kelcogel	E418	gut löslich in Wasser	abhängig von Gegenion und Konzentration des Gelees	—	stabil bei pH 3,5–10
Xanthan	E415	gut löslich in Wasser	temperaturtolerant (abhängig von der Konsistenz des Gelees)	—	stabil
Polyglycerinester von Speisefettsäuren/Glice	E475	löslich in Fett/Öl; unlöslich in Wasser	hitzestabil bis 60 °C	—	stabil
Methylzellulose Metil	E461	löslich in kaltem Wasser (abhängig vom DS-Wert)	geliert bei 40–60 °C und formt unterhalb dieser Temperatur eine viskose Lösung	—	stabil
(Soja-)Lecithin	E322	löslich in Fett, Öl und organischen Lösungsmitteln, dispergierbar in Wasser	-	—	stabil

soziation des Wassers binden können, oder sie binden die Wasserstoffionen selber (z. B. Ammoniak)
und sorgen damit für einen Anstieg
des pH-Werts.

Als saure Substanzen kennen wir
zum Beispiel Zitronensaft (ca. 2,4)
und andere Fruchtsäfte, Cola
(ca. 2,5), Essig (ca. 2,9) und Wein
(ca. 4,0). Aber auch Kaffee (ca. 5,0)
und Tee (ca. 5,5) können dazu
gezählt werden. Wasser hat in der
Regel einen pH-Wert im neutralen
Bereich (gegen 7,0), kann aber
auch leicht im sauren oder basischen Bereich liegen. Als basische
Substanzen können hier unter
anderem Meerwasser (ca. 8,0) und
Ammoniak (ca. 11,5) aufgeführt
werden.
Zum Messen des pH-Werts gibt es
verschiedenen Methoden. Wir
schlagen für die Küche pH-Papier
und pH-Elektroden vor.
Eine besondere Bedeutung haben
Lösungen aus einer schwachen
Säure (oder Base) mit einem ihrer
Salze. Bei diesen Pufferlösungen gibt
es einen relativ stabilen pH-Wert.
Die Bestimmung des pH-Werts
kann beim Molekularkochen in
gewissen Fällen eine Rolle spielen,
da sich die chemische Struktur
von Verbindungen je nach pH-Wert
verändern kann. Der pH-Wert
beeinflusst bei vielen Reaktionen
die Reaktionsgeschwindigkeit.

Stickstoff (flüssig)

Stickstoff ist ein chemisches Element
mit der Ordnungszahl 7 (Perioden-
system der Elemente) und wird mit
dem Zeichen N dargestellt. Weil
es in diesem Zustand instabil ist,
treffen wir fast immer auf molekularen Stickstoff (N_2). Er ist mit 78 %
Hauptbestandteil der Luft und spielt
als essentelles Element eine
zentrale Rolle in unserem Leben.
Stickstoff wird primär durch die
fraktionierte Destillation von verflüs-
sigter Luft gewonnen. Der Rest-
sauerstoff wird danach in weiteren
Verfahren entfernt. Stickstoff ist
farb-, geruchs- und geschmacklos,
zudem nicht brennbar.
Stickstoff hat einen Siedepunkt von
– 196 °C und einen Schmelzpunkt
von – 210 °C. Flüssiger Stickstoff ist
daher sehr gut für die Kryotechnik
(Tieftemperaturtechnik) geeignet
und findet in vielen Bereichen eine
breite Anwendung. Vor allem in
der Wissenschaft ist er ein beliebtes
Mittel, um Proben oder Geräte
schnell auf sehr niedrige Temperaturen zu kühlen. So werden unter
anderem Supraleiter, biologische und
medizinische Proben und CPUs
mittels flüssigen Stickstoffs gekühlt
oder auch in der Dermatologie
zum Vereisen von Warzen verwendet.
In der Molekularküche wird flüssiger Stickstoff vermehrt eingesetzt,
da die extrem kalte Flüssigkeit
ein schnelles Gefrieren von Produk-

ten ermöglicht. So können Effekte erzielt werden, indem ein noch flüssiges oder auch warmes Produkt in einen gefrorenen Mantel eingehüllt wird. Stickstoff ist zudem bestens geeignet für die Herstellung gefrorener Schäume und zum Gefriertrocknen.

Es ist jedoch zu beachten, dass reiner Stickstoff zum Ersticken führen kann. Weil flüssiger Stickstoff bei Temperaturen über – 196 °C siedet (und somit verdampft), darf damit nur in offenen Räumen gearbeitet werden. Die extrem tiefe Temperatur von flüssigem Stick-stoff kann zu starken Verbrennungen (beziehungsweise Unterkühlung) führen, gleich wie heißes Fett. Flüssiger Stickstoff ist in Thermos-behältern, der einer Thermosflasche gleicht, zu beziehen. Er muss mit großer Vorsicht transportiert werden. Das Gleiche gilt für das Arbeiten mit Stickstoff. Aus Sicherheitsgründen braucht es spezielle Gefäße, Handschuhe und Schutzbrille.

Mit flüssigem Stickstoff sollten nur Geschulte arbeiten oder Personen, die einen entsprechenden Kurs absolviert haben.

Geräte/Werkzeuge

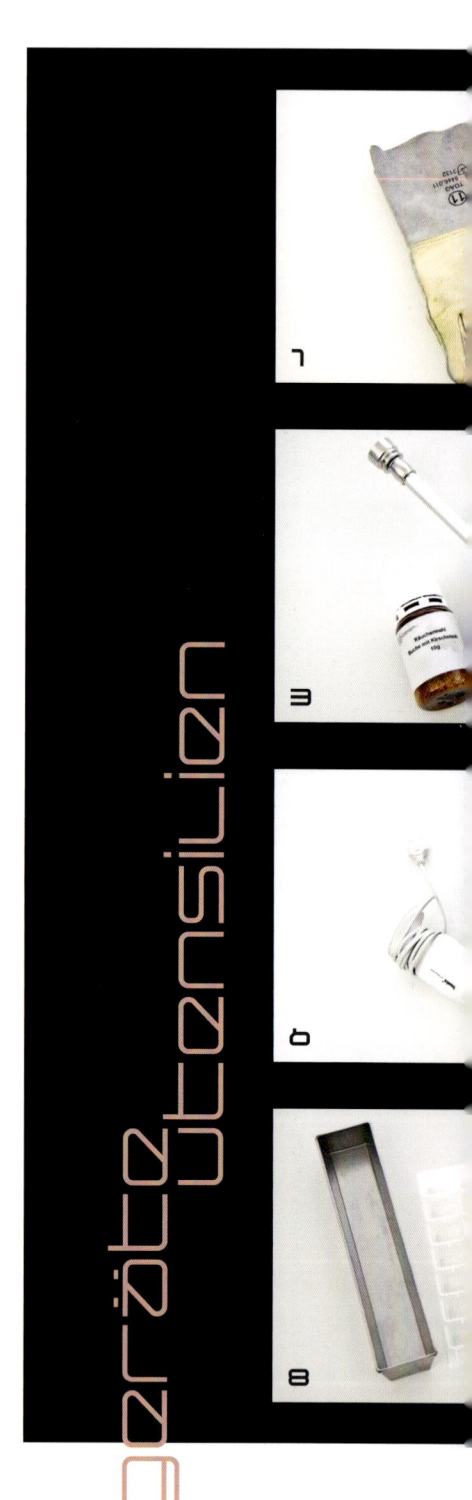

einführung geräte und utensilien

geräte utensilien

2

4

5

7

9

10

molekular
rezepte

Lollis

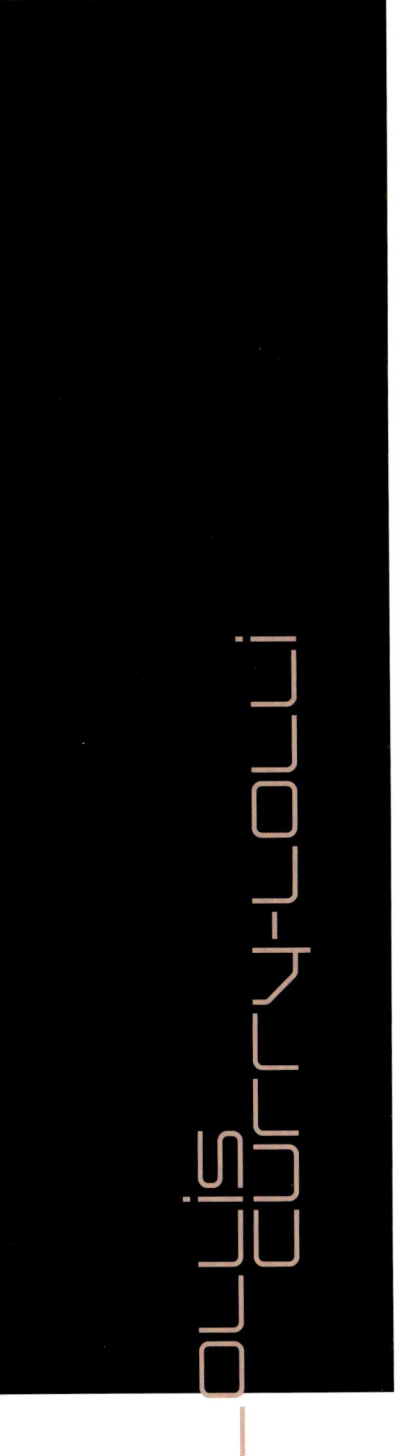

Wer kann sich nicht an seine Kind-
heit erinnern, als er mit dem
zuckersüßen Lolli im Mund herum-
rannte? Und wer hätte damals
gedacht, dass sich der Lolli in der
Molekularküche etabliert?

Curry-Lolli

90 g Glucose
125 g Fondant
Curry
Salz

4 Holzspieße

1   Die Zutaten bereit stellen.

2   Einen Esslöffel nass machen
      (die Glucose klebt so weniger
      stark), die flüssige Glucose
      in die Pfanne geben.

3   Fondant zugeben.

4   Unter Rühren kurz erwärmen,
      bis die Zuckermasse bernstein-
      farbig ist.

5   Die Masse auf ein Backpapier
      gießen.

6   Masse mit Curry und wenig
      Salz bestreuen. Auskühlen und
      fest werden lassen.

7   Die Masse in Stücke brechen.

8   In den Cutter/Mixer füllen.

9   Zu Staub/Pulver mixen.
      Backofen auf 180 °C vorheizen.

10   Holzspieße mit genügend
      Abstand auf ein mit Backpapier
      belegtes Blech legen. Pulver
      an einem Ende kreisförmig auf
      die Holzspießchen streuen.

11   Backblech kurz in den Ofen
      schieben, bis sich das
      Pulver leicht verflüssigt hat.

12   Lollis aus dem Backofen neh-
      men und auskühlen lassen.
      Jetzt lassen sie sich leicht vom
      Backpapier nehmen.

Tipp
Mit dem Mangochutney,
Seite 117, servieren.

Lolli mit Vanillearoma und Limettenduft

Dessert

90 g Glucose, 125 g Fondant
1 Vanilleschote, 1 Limette

4 Holzspieße

1 Einen Esslöffel nass machen (die Glucose klebt so weniger stark), Glucose in die Pfanne geben. Fondant zugeben. Vanilleschote aufschneiden, das Mark abstreifen und in die Pfanne geben. Unter Rühren erwärmen, bis die Zuckermasse bernsteinfarbig ist.

2 Masse auf ein Backpapier gießen. Auskühlen und fest werden lassen.

3 Backofen auf 180 °C vorheizen.

4 Zuckermasse in Stücke brechen und in den Cutter/Mixer füllen. Mixen. Die abgeriebene Limettenschale zugeben, weitermixen, bis man Pulver hat.

5 Holzspieße mit genug Abstand auf ein mit Backpapier belegtes Blech legen. Pulver an einem Ende kreisförmig auf die Spieße streuen.

6 Backblech im Ofen belassen, bis sich das Pulver leicht verflüssigt hat. Aus dem Ofen nehmen, auskühlen lassen. Jetzt lassen sich die Lollis leicht vom Papier lösen.

Toastbrot-Knobli-Lolli

Aperitif oder Vorspeise

80 g Glucose
1 Prise Knoblauch
10 g getoastetes Toastbrot

4 Holzspieße

1 Einen Esslöffel nass machen (die Glucose klebt so weniger stark), Glucose in die Pfanne geben. Unter Rühren erwärmen, bis die Zuckermasse bernsteinfarbig ist. Masse auf ein Backpapier gießen. Auskühlen und fest werden lassen.

2 Glucose, Knoblauch und Toastbrot in den Cutter/Mixer füllen, pulverisieren.

3 Backofen auf 180 °C vorheizen.

4 Holzspieße mit genug Abstand auf ein mit Backpapier belegtes Blech legen. Pulver an einem Ende kreisförmig auf die Holzspieße streuen.

5 Backblech im Ofen belassen, bis sich das Pulver leicht verflüssigt hat. Aus dem Ofen nehmen, auskühlen lassen. Jetzt lassen sich die Lollis leicht vom Papier lösen.

Vanillearoma
Cutter/Mixer
Holzspieße

Toastbrot-Knobli-Lolli
Cutter/Mixer
Holzspieße

Brausender Lolli
Holzspieße

Schokolade-Fleur-de-sel-Lolli
Holzspieße

Brausender Lolli

Aperitif

75 g Glucose
25 g Fondant
13 g Brausepulver, Seite 116

4 Holzspieße

1 Einen Esslöffel nass machen (die Glucose klebt so weniger stark), Glucose in die Pfanne geben. Fondant zugeben. Unter Rühren erwärmen, bis die Zuckermasse bernsteinfarbig ist.

2 Masse auf ein Backpapier gießen. Auskühlen und fest werden lassen.

3 Backofen auf 180 °C vorheizen.

4 Zuckermasse in Stücke brechen und in den Cutter/Mixer füllen, zu Pulver mixen.

5 Holzspieße mit genug Abstand auf ein mit Backpapier belegtes Blech legen. Pulver an einem Ende kreisförmig auf die Holzspieße streuen.

6 Backblech im Ofen belassen, bis sich das Pulver leicht verflüssigt hat. Herausnehmen, Brausepulver darauf verteilen, auskühlen lassen.

Schokolade-Fleur-de-sel-Lolli

Aperitif oder Dessert

40 g Zartbitter-Schokolade
Fleur de sel

4 Holzspieße

1 Schokolade zerbröckeln und in einer kleinen Schüssel über dem heißen Wasserbad schmelzen.

2 Holzspieße mit genug Abstand auf ein mit Backpapier belegtes Blech legen. Die flüssige Schokolade an einem Ende kreisförmig auf die Holzspieße auftragen. Mit Fleur de sel bestreuen. Lollis im Kühlschrank fest werden lassen.

3 Lollis vorsichtig vom Papier lösen.

**Gebratenes Zanderfilet
mit Lauch und rotem Peperoni-/
Paprikakaviar auf Süßholz-
reduktion**

Drops/Kaviar

31–39 | **Normale Sphären-bildung**

40–43 | **Umgekehrte Sphären-bildung**

Eine der wichtigsten Techniken in der Molekularküche ist die Sphärenbildung. Wir unterscheiden zwei Formen:

– Normale Sphärenbildung: Die Flüssigkeit wird mit Algin angereichert. Danach lässt man die Flüssigkeit in ein Calciumlactatbad tropfen. Es bilden sich Kaviar oder Drops.

– Umgekehrte Sphärenbildung: Einer Flüssigkeit wird Calciumlactat beigefügt. Dann lässt man die Flüssigkeit in ein Alginbad tropfen. So bekommt der Kaviar einen flüssigen Kern.

Wenn ein Produkt zu sauer ist, wird als pH-Regler Natriumcitrat beigegeben. Wichtig: Drops/Kaviar nach der Salzlösung immer in frischem Wasser waschen.

Peperoni-/ Paprikakaviar

Beilage

25 g rote Peperoni/Paprikaschoten
1,2 dl/120 ml Gemüsebrühe
Salz, frisch gemahlener Pfeffer
1 g Algin

4 g Calciumlactat
1,3 dl/130 ml Wasser

1   Zutaten/Utensilien bereitstellen.

2   Peperoni halbieren, Stielansatz
    und Kerne entfernen, Schoten-
    hälften in Würfel schneiden.

3   Peperoni in der Gemüsebrühe
    weichkochen, abschmecken.

4   Peperoni mit Brühe in einen
    Massbecher füllen.

5   Becherinhalt fein mixen.

6   Peperonimasse durch ein feines
    Sieb passieren.

7   Masse in einen hohen Mess-
    becher füllen.

8   Algin untermixen.

9   Masse in eine Glasschale füllen.

10 Wasser und Calciumlactat
    verrühren.

11 Schale mit Wasser füllen. Masse
    in 60-ml-Spritze aufziehen.

12 Peperonimasse mit leichtem
    Druck in das Calciumlactatbad
    tropfen lassen.

13 30–40 Sekunden im Bad lassen.

14 Kaviar aus dem Bad nehmen,
    im Wasserbad waschen.

15 Servieren.

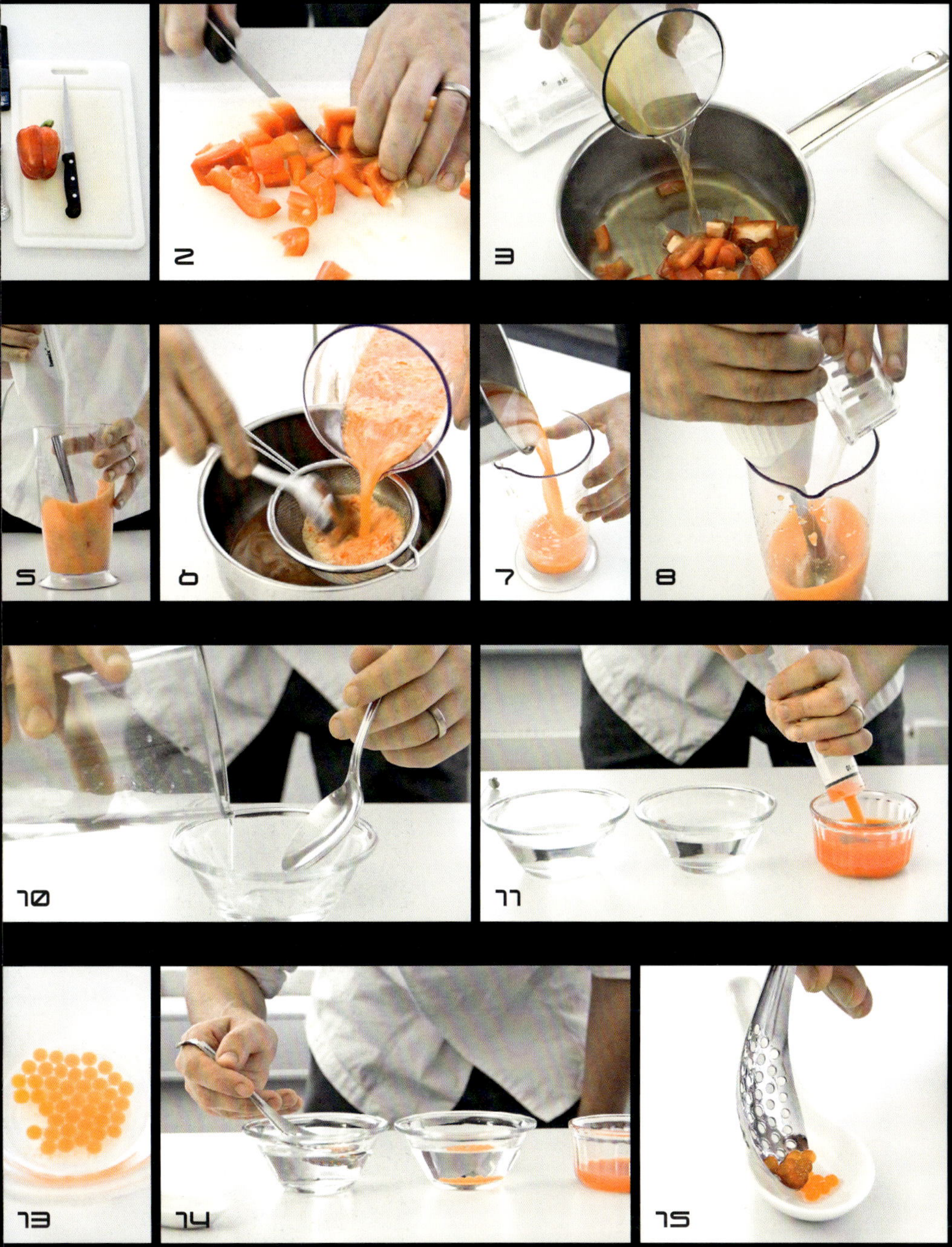

kaviar drops

normale sphärenbildung

Farbenspiel von
Drops in Orangensaft

Abbildung

Randendotter
mit Apfelduft

Vorspeise

2 dl/200 ml Randen-/
    Rote-Bete-Saft
½ dl/50 ml Balsamico
2 g Algin

7 g Calciumlactat
1 l Wasser

1 dl/100 ml Apfelessig
10 ml Apfelsaft

1   Randensaft und Balsamico aufkochen, Algin untermixen. Die Randenmasse 3 bis 4 Stunden kalt stellen.

2   Calciumlactat und Wasser in einer Schüssel verrühren. Eine zweite Schüssel mit kaltem Wasser füllen.

3   Apfelessig und Apfelsaft in den Besprüher füllen und kräftig schütteln.

4   Aus der Randenmasse mit Portionier- oder Kaffeelöffel Kugeln formen, 1 Minute ins Calcium-lactatbad geben. Randendotter herausnehmen und im Wasser waschen.

5   Randendotter anrichten, mit dem Apfelduft besprühen.

Bemerkung
Randendotter sofort servieren. Erst vor dem Gast besprühen.

Drink

70 ml Bols Blue Liqueur
1 g Algin

20 ml Kokosnusssirup
1 g Algin
½ dl/50 ml Wasser

4 g Calciumlactat
1,3 dl/130 ml Wasser

Orangensaft

1   Bols Blue Liqueur und Algin mixen.

2   Kokosnusssirup, Algin und Wasser mixen.

3   Calciumlactat und Wasser in einer Schüssel verrühren. Eine zweite Schüssel mit kaltem Wasser füllen.

4   Bols Blue Liqueur und Kokos-sirup in je einer Spritze aufziehen, in das Calciumlactatbad tropfen lassen, 30 bis 40 Sekunden darin belassen. Drops herausnehmen und im Wasser waschen.

5   Drops auf Gläser verteilen, mit Orangensaft auffüllen.

Randendotter
Portionierlöffel
Besprüher

**Drops in
Orangensaft**
Spritze
Kaviarlöffel

Tomatensalat
mit Schokoraspel
auf Basilikumfilm

Abbildung

Coca-Cola-Kaviar

Garnitur

1,1 dl/110 ml Coca Cola
1 g Algin

6 g Calciumlactat
2 ½ dl/250 ml Wasser

˥ Coca Cola und Algin mixen.

ᴤ Calciumlactat und Wasser in einer Schüssel verrühren. Eine zweite Schüssel mit kaltem Wasser füllen.

ᴣ Coca-Cola-Lösung mit einer Spritze aufziehen, ins Calcium-lactatbad tropfen lassen. 30 bis 40 Sekunden in der Lösung belassen, mit dem Kaviarlöffel herausnehmen, im kaltem Wasser waschen, herausnehmen.

Vorspeise/Salat

120 g reife Tomaten
70 ml Wasser
1 g Algin

2 ½ dl/250 ml Wasser
5 g Calciumlactat

50 g Schokoraspel, Fleur de sel

˥ Den Stielansatz der Tomaten ausstechen, Tomaten würfeln, mit dem Wasser mixen, durch ein Sieb streichen. 140 g Tomatenpüree abwägen, mit 1 g Algin mixen.

ᴤ Wasser und Calciumlactat in einer Schüssel verrühren. Eine zweite Schüssel mit kaltem Wasser füllen.

ᴣ Tomatenpüree mit Portionier-löffel portionieren, in die Calcium-lactatlösung geben und 30 bis 40 Sekunden in der Lösung belassen, im Wasser waschen.

Basilikumfilm

5 g Basilikumblätter
1,1 dl/110 ml Gemüsebrühe
2 g Gellan, Salz, Pfeffer

˥ Basilikum und Gemüsebrühe kurz erwärmen, mixen, durch ein Sieb streichen.

ᴤ Basilikumflüssigkeit und Gellan verrühren, erwärmen, abschmecken. In die Eiswürfelform gießen.

ᴣ Die Tomatendrops auf dem Basilikumfilm anrichten, mit Schoko-raspel und Fleur de sel bestreuen.

kaviar drops

Coca-Cola-Kaviar
Spritze
Kaviarlöffel

Tomatensalat
Portionierlöffel
Mixer

Basilikumfilm
Eiswürfelbehälter

Fest-flüssiger Kakao auf Milchquader

Abbildung

Vorspeise oder Dessert

½ dl/50 ml Mich
½ dl/50 ml Wasser
15 g Kakaopulver
7 g Zucker
2 g Algin

1 dl/100 ml Wasser
5 g Calciumlactat

1 dl/100 ml Milch
10 g Honig
1 g Gellan

1 Für die Kakaodrops Milch, Wasser, Kakaopulver und Zucker auf- kochen, Algin zugeben, mixen. Die Kakaomasse 24 Stunden kalt stellen.

2 Wasser und Calciumlactat in einer Schüssel verrühren. Eine zweite Schüssel mit kaltem Wasser füllen.

3 Kakaomasse mit Portionier-löffel langsam in das Calciumlactat-bad gleiten lassen, so dass sich Kugeln bilden, 40 Sekunden darin belassen. Herausnehmen, im kalten Wasser waschen.

4 Für die Milchquader Milch und Honig aufkochen, Gellan unter-rühren, nochmals erwärmen. Milch in den Eiswürfelbehälter (ohne Einlage) gießen, kalt stellen.

5 Milchmasse in unterschiedlich hohe Quader schneiden. Kakaodrops daraufsetzen.

Bemerkung

Drops nicht zu lange im Wasser liegen lassen, weil sie nachziehen.

Mozzarelladrops auf Tomatensalat im Shot-Glas

Vorspeise oder Beilage

150 g Mozzarella
3 g Salz
0,8 dl/80 ml Wasser

2½ dl/250 ml Mineralwasser
　　ohne Kohlensäure
1 g Algin

50 g Tomatenwürfelchen
10 g Balsamico
7 g Olivenöl extra vergine
1 g Salz
Basilikumblättchen, in Streifen

1 Mineralwasser und Algin mixen, etwa 8 Stunden kalt stellen.

2 Mozzarella mit Salz und Wasser mixen.

3 Eine Schüssel mit kaltem Wasser füllen.

4 Aus der Mozzarellamasse mit einem Portionierlöffel Kugeln abstechen, ins Alginatbad gleiten lassen, 30 bis 40 Sekunden darin belassen. Herausnehmen, im kalten Wasser waschen.

5 Tomaten, Balsamico, Olivenöl, Salz und Basilikum mischen, in Shot-Gläsern anrichten. Mozzarella-drop daraufgeben.

Bemerkung

Für dieses Rezept braucht es kein Kalziumchlorid, weil der Mozzarella Salz enthält.

rezepte

drops

Fest-flüssiger kakao auf

Fest-flüssiger Kakao
Portionierlöffel
Eiswürfel- oder
Terrineform

Mozzarelladrops
Portionierlöffel
Shot-Gläser

Malibu-Drops mit Passionsfrucht-Estragon-Saft

Aperitif oder Dessert

1,2 dl/120 ml Malibu
2 g Calciumlactat
1 g Xanthan

2 ½ dl/250 ml Wasser
1 g Algin

Passionsfruchtsaft
abgezupfte Estragonblättchen

1 Malibu und Calciumlactat mixen, Xanthan beigeben, noch einmal mixen. Etwa 2 Stunden kalt stellen.

2 Wasser und Algin in einer Schüssel verrühren. Eine zweite Schüssel mit kaltem Wasser füllen.

3 Malibu-Flüssigkeit mit einem Portionierlöffel in das Algin-bad geben, 30 Sekunden darin belassen, in kaltem Wasser waschen.

4 Malibu-Drops und Estragon-blättchen in Reagenzgläser füllen, mit dem Passionsfruchtsaft auffüllen.

malibu-drops
mit passionsfrucht-
estragon-saft

Spritze
Kaviarlöffel
Reagenzglas

utensilien

kaviar

drops
umgekehrte sphärenbildung

41

Kokosdrops
mit Ananaschips

Drink oder Dessert

½ dl/50 ml Koskosnusssirup
0,7 dl/70 ml Wasser
1 g Xanthan
2 g Calciumlactat

2 ½ dl/250 ml Wasser
1 g Algin

1 kleine Ananas
30 g Puderzucker
3 g Wasser

1 Kokosnusssirup und Wasser mixen, Xanthan und Calciumlactat mitmixen, 50 Minuten stehen lassen.

2 Wasser und Algin in einer Schüssel verrühren, 50 Minuten stehen lassen. Eine zweite Schüssel mit kaltem Wasser füllen.

3 Kokosnussflüssigkeit mit einem Portionierlöffel in das Alginbad geben, 20 Sekunden darin belassen. Im kalten Wasser waschen.

4 Ananas schälen, die braunen Augen ausstechen. Die Frucht in hauchdünne Scheiben schneiden. Puderzucker und Wasser glattrühren, Ananasscheiben im Puderzucker wenden, auf ein mit Backpapier belegtes Blech legen.

5 Ananasscheiben im Backofen bei 120 °C etwa 5 Stunden trocknen, so dass schöne Chips entstehen.

Anrichten
Kokosdrops mit den Ananaschips in Glasschälchen anrichten.

utensilien

Kokosdrops
Portionierlöffel

Milch mit Kaffeedrops
Portionierlöffel
Shot-Gläser

Milch mit Kaffeedrops

Dessert

0,65 dl/65 ml kräftiger
kalter Kaffee
4 g Zucker
1 g Xanthan
2 g Calciumlactat

2 ½ dl/250 ml Wasser
1 g Algin

warme Milch

1 Kaffee, Zucker, Xanthan und Calciumlactat mixen. 2 Stunden kalt stellen.

2 Wasser und Algin in einer Schüssel verrühren. Eine zweite Schüssel mit kaltem Wasser füllen.

3 Kaffeeflüssigkeit mit einem Portionierlöffel in das Algin-bad geben, 20 Sekunden darin belassen. Im kalten Wasser waschen.

4 Warme Milch in Shot-Gläser füllen, Kaffeedrops langsam dazugeben.

**Klare Spargelsuppe mit
Karotten-Air, vanilliertem
Olivenölwürfel und
safranisiertem Eischneewürfel**

Airs

Ein guter Air hinterlässt
im Gaumen das volle Aroma
des Grundproduktes.
So wird der Schaum hergestellt:
Man braucht einen guten
Mixstab und ein hohes Gefäß.
Mit dem Mixstab wird eine
mit Lecithin versetzte Flüssigkeit zu einer badeschaum-
ähnlichen Textur gemixt.

spargelsuppe mit
karotten-air

Karotten-Air

Aperitif/Vorspeise

1 dl/100 ml frisch
    gepresster Karottensaft
2 g Lecithin
Salz

1 Zutaten und Utensilien
bereitstellen.

2 Karottensaft, Lecithin und
Salz in einen hohen Messbecher
füllen.

3 Stabmixer eintauchen und
alles gut mischen.

4 Den Mixer langsam nach
oben ziehen, Messbecher schräg
halten, Masse an der Oberfläche
mixen.

5 Karotten-Air kurz stehen
lassen.

6 Karotten-Air mit dem Kaviarlöffel abschöpfen, anrichten.

Bemerkung
Ein wenig frischen Ingwer auf der
Bircherreibe zum Karottensaft reiben;
ergibt ein herrlich frisches Aroma.

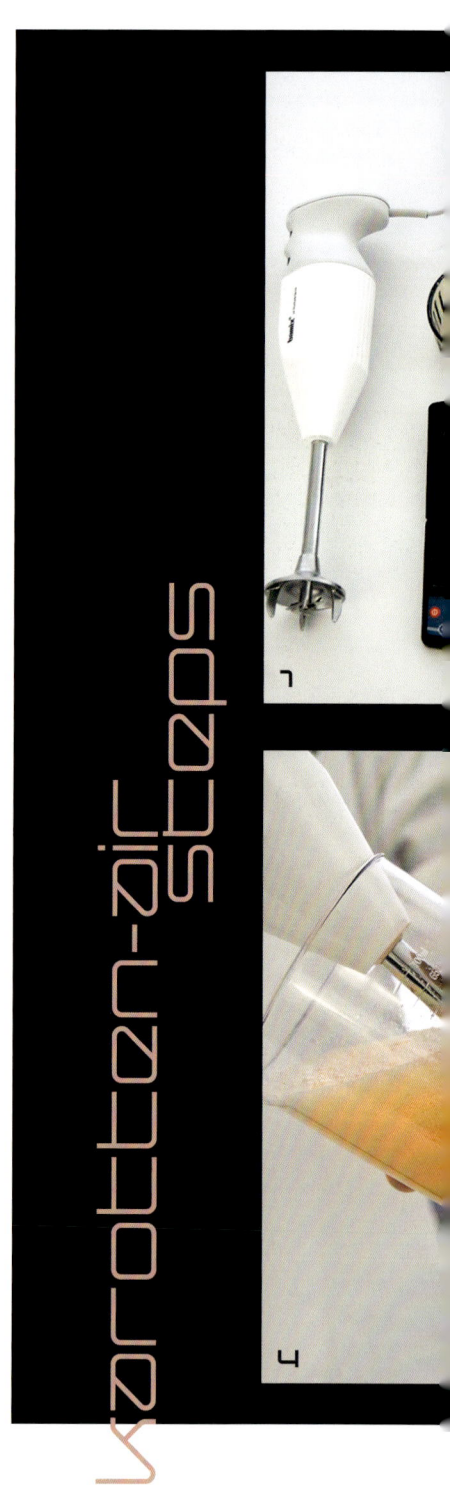

Kaffee-Air, violettes Kartoffelpüree und Cantadou-Sellerie-Roulade

Vorspeise

Cantadou-Sellerie-Roulade

1 Ei
0,7 dl/70 ml Milch
30 g Mehl
Salz, Pfeffer
100 g Cantadou
20 g Stangensellerie,
     gewürfelt (Brunoise)

1 Für den Crêpeteig Ei, Milch und Mehl glattrühren, würzen.

2 Eine beschichtete Bratpfanne aufheizen, den Crêpeteig in 4 Portionen in die Pfanne geben und verlaufen lassen, hauchdünne Crêpes backen. Mit Folie zudecken. Gemüsewürfelchen unter den Cantadou rühren, auf den Crêpes verstreichen. Aufrollen, in Klarsichtfolie einwickeln.

Kartoffelpüree

240 g violette Kartoffeln
20 g Butter, 25 g Milch,
     25 g Rahm/Sahne
Salz, Pfeffer

1 Kartoffeln schälen, würfeln und im Dampf weichkochen.

2 Butter mit Milch und Rahm erwärmen, abschmecken. Kartoffeln ins Passevite geben und direkt zur Milch-Rahm-Mischung drehen.

Kaffee-Air

0,7 dl/70 ml Espresso
0,3 dl/30 ml Milch
10 g Zucker
2 g Lecithin

1 Kaffee, Milch, Zucker und Lecithin in einen hohen Messbecher geben.

2 Stabmixer eintauchen und alles gut mischen.

3 Mixer langsam nach oben ziehen, Messbecher schräg halten, Masse an der Oberfläche mixen.

4 Kaffee-Air kurz stehen lassen.

Anrichten

Die Crêperoulade aus der Folie nehmen und in Scheiben schneiden, anrichten. Kartoffelmasse in einen Spritzbeutel mit Sterntülle füllen, auf den Teller spritzen. Kaffee-Air mit einem Kaviarlöffel abschöpfen und dazugeben.

utensilien

Kaffee-Air
Stabmixer
Mixbecher
Kaviarlöffel

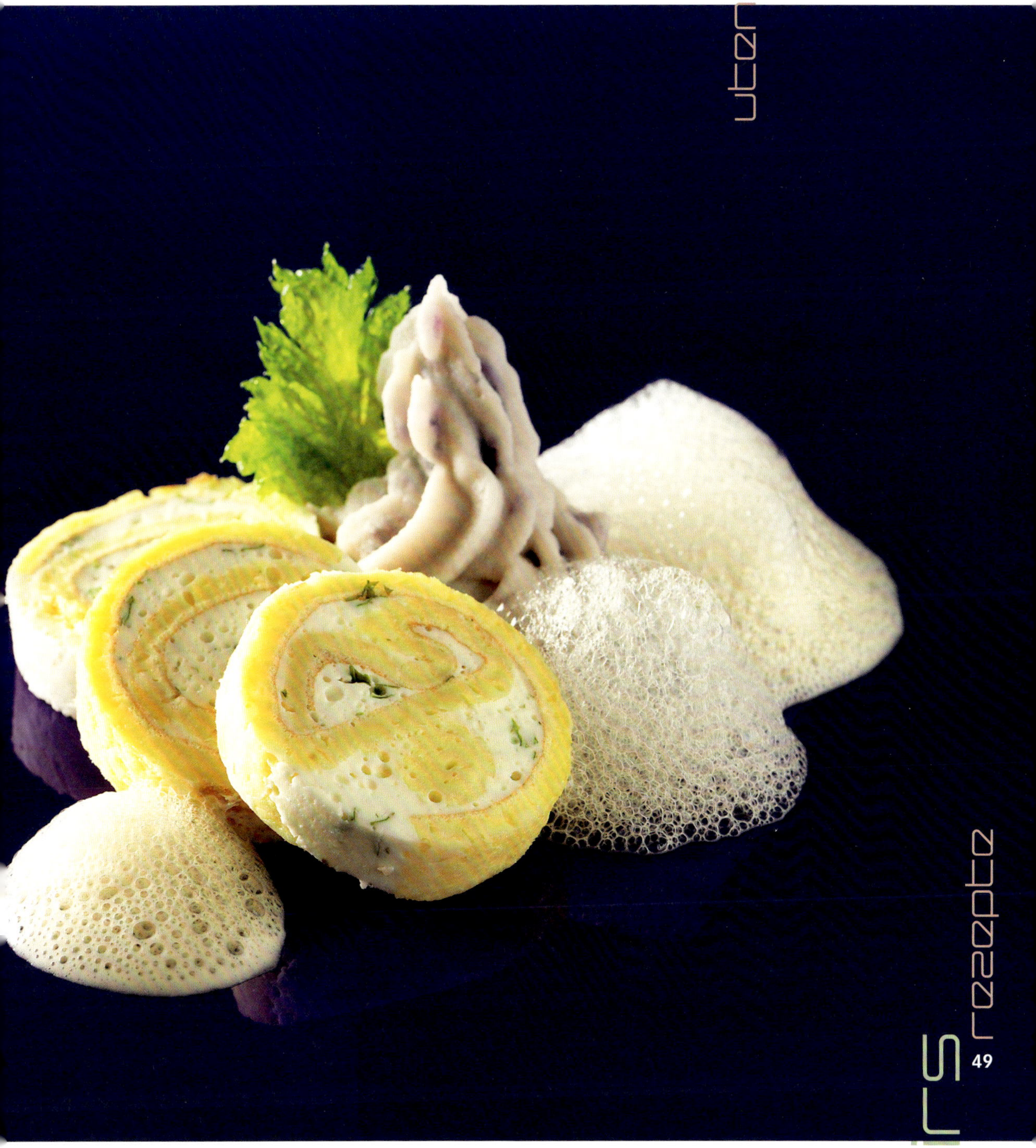

Safran-Air mit Pistazien

Vorspeise oder Beilage

1 dl/100 ml Gemüsebrühe
1 g Lecithin
wenig Safranpulver

gesalzene Pistazien

1 Die Gemüsebrühe erwärmen, mit Lecithin und Safranpulver in einen hohen Messbecher geben.

2 Stabmixer eintauchen, alles gut mischen.

3 Den Mixer langsam nach oben ziehen, Messbecher schräg halten, Masse an der Oberfläche mixen.

4 Safran-Air kurz stehen lassen.

5 Safran-Air mit dem Kaviarlöffel abschöpfen, anrichten.

Bemerkung
Beim Genießen des Safran-Airs immer wieder eine gesalzene Pistazie knabbern.

Mentos-Air

Zu Fisch oder zu Desserts

5 Mentos-Pastillen
1,7 dl/170 ml Wasser
1 g Lecithin

1 Mentos-Pastillen mit Wasser aufkochen, Pastillen auflösen. Kalt stellen.

2 Mentos-Flüssigkeit und Lecithin in einen hohen Messbecher füllen.

3 Stabmixer eintauchen und alles gut mischen.

4 Mixer langsam nach oben ziehen, Messbecher schräg halten, Masse an der Oberfläche mixen.

5 Mentos-Air kurz stehen lassen.

6 Mentos-Air mit dem Kaviarlöffel abschöpfen, anrichten.

Mentos-Air
Stabmixer
Mixbecher
Kaviarlöffel

Safran-Air
Stabmixer
Mixbecher
Kaviarlöffel

Kartoffel-Ailr
Stabmixer
Mixbecher
Kaviarlöffel

Kartoffel-Air

Abbildung Seite 63

**Eigenständiger Gang oder
in Kombination mit Suppe,
Fleisch, Geflügel …**

180 g mehlig kochende Kartoffeln
8 dl/800 ml Wasser
Salz, Pfeffer
2 g Lecithin

1 Kartoffeln schälen, in Würfel
schneiden, im Wasser garen,
bis das Wasser das Kartoffelaroma-
angenommen hat. Abgießen,
Garflüssigkeit auffangen. Es werden
430 g Brühe benötigt. Würzen.

2 Kartoffelbrühe und Lecithin
in einen hohen Messbecher füllen.

3 Stabmixer eintauchen, alles
gut mischen.

4 Den Mixer langsam nach oben
ziehen, Messbecher schräg
halten, Masse an der Oberfläche
mixen.

5 Kartoffel-Air kurz stehen lassen.

6 Kartoffel-Air mit dem Kaviarlöffel abschöpfen, anrichten.

Bemerkung
Die gekochten Kartoffeln können
weiter verwendet werden für eine
Suppe oder Kartoffelstock.

Basilikum-Air auf Cherrytomaten, weiße Schokolade, Balsamico-Infusion

Vorspeise

Basilikum-Air

6 g Basilikumblätter
2,1 dl/210 ml Gemüsebrühe
1 g Lecithin

4 Cherrytomaten
80 g weiße Schokolade, gewürfelt
Basilikum

1 Basilikum und Gemüsebrühe aufkochen, durch ein Sieb passieren. Flüssigkeit kalt stellen.

2 Basilikumbrühe und Lecithin in einen hohen Messbecher geben.

3 Stabmixer eintauchen und alles gut mischen.

4 Den Mixer langsam nach oben ziehen, Messbecher schräg halten, Masse an der Oberfläche mixen.

5 Basilkum-Air 10 Minuten stehen lassen.

Balsamico-Infusion

30 g Balsamico, 15 g Zucker,
12 g Olivenöl, 14 g Wasser

Alle Zutaten verrühren, in Pipetten aufziehen.

Anrichten
Die Schokoladenwürfelchen auf Teller verteilen. Cherrytomate darauf-legen, Basilikum-Air daraufsetzen, mit Basilikum garnieren. Balsamico-Pipette dazulegen.

molekulare
rezepte

Suppen

Suppe ist nicht einfach Suppe. Mit
der Struktur und der Präsentation darf
und kann gespielt werden.
Die Texturen machen es möglich: Einmal
ist die Suppe bissfest, einmal schwebt
sie.

Safranbrühe mit roten Peperoniwürfelchen im Reagenzglas

Abbildung

5 g Olivenöl extra vergine
25 g rote Peperoni-/Paprika-
 würfelchen (Brunoise)
½ l Gemüsebrühe
1 Prise Safranpulver
Salz, Pfeffer

1 Peperoni im Olivenöl andünsten, Gemüsebrühe und Safranpulver zugeben, abschmecken mit Salz und Pfeffer.

2 Safranbrühe in Reagenz- oder Shot-Gläser füllen.

Bemerkung
Durch die Schwerkraft bewegen sich die Gemüsewürfelchen langsam nach unten.

Gemüsebrühe mit schwebenden Gemüsewürfelchen

Vorspeise

3 dl/300 ml Gemüsebrühe
2 g Xanthan
je 20 g Gemüsewürfelchen
 (Brunoise) von Lauch, Knollensellerie, Karotten
Salz, Pfeffer

1 Die Gemüsebrühe aufkochen, Xanthan zugeben und kurz mixen. Gemüsewürfelchen zugeben, abschmecken mit Salz und Pfeffer.

2 Gemüsebrühe in Shot-Gläser füllen.

Bemerkung
Eine Pipette mit einer Schnittlauch-Olivenöl-Füllung ist eine schöne Dekoration.

Gemüsebrühe
Shot-Gläser

Feste Tomatensuppe
mit Käsespaghetti
auf Basilikumbeet

Tomatensuppe

Vorspeise

120 g Tomatensuppe, Seite 116
80 g Gemüsebrühe
Salz
5 g Gellan

1 Bund Basilikumblätter

1 Tomantensuppe und Gemüsebrühe aufkochen, abschmecken
mit Salz. Gellan beigeben, mit
dem Schneebesen gut verrühren.
Einmal aufkochen.

2 Tomatensuppe in Espressotassen füllen, erkalten lassen.

Käsespaghetti

2 dl/200 ml Gemüsebrühe
100 g geriebener Käse
2 g Agar-Agar
2 g Gellan
1 Blatt Gelatine

1 Die Gelatine in kaltem Wasser
einweichen, gut ausdrücken.

2 Die Gemüsebrühe erhitzen,
Käse beigeben. Die Pfanne vom Herd
nehmen, die Suppe 20 Minuten
ziehen lassen. Die Suppe durch ein
Sieb passieren. Brühe mit Agar-
Agar, Gellan und Gelatine aufkochen.
In eine Tube füllen. Den Tuben-
inhalt in die Schläuche des Spaghetti-
Kit füllen, kalt stellen.

3 Eine Schüssel mit Wasser
füllen. Patrone in den iSi-Gourmet-
Whip laden, mit dem Druck die
Spaghetti aus den Schläuchen ins
Wasser befördern (wenn man
sie ins Wasser presst, werden sie
durch den Druck nicht so stark
in Mitleidenschaft gezogen. Siehe
auch «Spaghetti», Seite 108 ff).

Anrichten
Tomatensuppe in feine Scheiben
schneiden, auf abgezupften
Basilikumblättern anrichten, mit
den Käse-Spaghetti garnieren.

Käsespaghetti
iSi-Gourmet-Whip
(½ l Inhalt)
Spaghetti-Kit

Feste Gurken-Tomaten-Suppe

Vorspeise

10 g Olivenöl extra vergine
25 g Zwiebeln, gewürfelt
130 g Gurken, geschält, gewürfelt
90 g Tomaten, gewürfelt
30 ml Prosecco oder Weißwein
1 dl/100 ml Gemüsebrühe
1 dl/100 ml Rahm/Sahne
7 g Gellan
Salz, Pfeffer

˥ Olivenöl erwärmen, Zwiebeln, Gurken und Tomaten zugeben und andünsten. Mit dem Prosecco ablöschen, einkochen lassen, mit der Gemüsebrühe auffüllen, Gemüse weichkochen, Suppe mixen und durch ein Sieb passieren.

Ƨ Gemüsesuppe mit dem Rahm erhitzen, Gellan unterrühren, mit Salz und Pfeffer abschmecken.

Ǝ Die Gemüsesuppe in Espressotassen füllen, kalt stellen. Vor dem Servieren stürzen und leicht erwärmen.

Bemerkung
Die Suppe kann in einer Gemüsebrühe oder im Steamer leicht erwärmt werden.

Erbsensuppe im Reagenzglas

Vorspeise

40 g Olivenöl extra vergine
35 g grüne Erbsen
½ l Gemüsebrühe
Salz, Pfeffer

4 Speckscheiben

˥ Das Olivenöl erwärmen, grüne Erbsen zugeben und andünsten, mit der Gemüsebrühe ablöschen, aufkochen.

Ƨ Gemüsebrühe durch ein Sieb passieren, mit Salz und Pfeffer abschmecken, Brühe in Reagenzgläser füllen.

Ǝ Speck im vorgeheizten Backofen bei 200 °C 15 Minuten knusprig braten.

Erbsensuppe
Reagenzgläser

**Gurken-Tomaten-
suppe**
Espressotassen

Spargelsuppe
Shot-Gläser

Klare Spargelsuppe

Abbildung Seite 44

Vorspeise

1 TL Olivenöl extra vergine
15 g Zwiebeln, fein gewürfelt
80 g grüner Spargel
6 dl/600 ml Wasser
Salz, Pfeffer

1 Unteres Drittel des Spargels
schälen, das Ende kappen. Spargel-
spitze abschneiden, Stange in
Stücke schneiden.

2 Olivenöl leicht erwärmen,
Zwiebeln und Spargelstücke darin
andünsten, mit dem Wasser
auffüllen, abschmecken. Spargelspitzen zugeben, 3 Minuten
garen, herausnehmen, mit kaltem
Wasser abschrecken, Brühe
auf die Hälfte einkochen lassen.
Die Spargelbrühe durch ein
Sieb passieren.

3 Spargelspitzen in Shot-Gläser
geben, mit der Spargelbrühe
auffüllen.

Zusätzliche Rezepte
Karotten-Air | 48
Vanillierte Olivenölwürfel | 88
Safranisierte Eischneewürfel | 88

Kartoffel-Stangensellerie-Suppe
mit Kartoffel-Air

Vorspeise

20 g Olivenöl extra vergine
20 g Zwiebeln, fein gewürfelt
50 g Stangensellerie,
    fein gewürfelt
180 g Kartoffeln
    (vom Kartoffel-Air)
3,6 dl/360 ml Gemüsebrühe
Salz, Pfeffer
0,7 dl/70 ml Rahm/Sahne
2 g Xanthan

Minze für die Garnitur

1 Das Olivenöl leicht erwärmen. Zwiebeln und Stangensellerie zugeben und andünsten, Kartoffeln zufügen, Gemüsebrühe zugeben, köcheln, bis das Gemüse weich ist, abschmecken, durch ein feines Sieb passieren. Es wird 480 g Masse benötigt.

2 Gemüsebrühe, Rahm und Xanthan erhitzen, die heiße Suppe in den iSi-Gourmet-Whip füllen. Patrone laden. Die Suppe in Suppen- oder Kaffeetassen oder Gläser spritzen. Kartoffel-Air daraufsetzen. Mit abgezupften Minzeblättchen garnieren.

Zusätzliches Rezept
Kartoffel-Air | 51

suppen
in szene gesetzt

Klare Brokkoliquader

Abbildung

Vorspeise

16 kleine Brokkoliröschen
4 dl/400 ml Wasser
Salz, Pfeffer
2 g Gellan

1 Brokkoliröschen im Wasser knackig garen, Röschen mit einem Schaumlöffel herausnehmen, unter kaltem Wasser abschrecken.

2 2 dl/200 ml des Brokkoliwassers abmessen, eventuell mit Wasser ergänzen, abschmecken mit Salz und Pfeffer, Gellan einrühren, einmal aufkochen.

3 Die Eiswürfelform mit Klarsichtfolie auskleiden, die Brühe in die Form gießen, Brokkoliröschen in die Form verteilen. Die Brühe festwerden lassen.

4 Die Brokkolimasse in Quader/ Stäbchen schneiden, in Gemüsebrühe nochmals erwärmen.

Erbsenravioli in lauwarmer Brühe

Vorspeise

60 g Erbsenpüree, Seite 117
2½ dl/250 ml Wasser
2 g Algin
Salz, Pfeffer

½ l Gemüsebrühe
3 g Kalziumchlorid
½ l Wasser

1 Erbsenpüree, Wasser und Algin mixen. Abschmecken mit Salz und Pfeffer. 1 Stunde kalt stellen.

2 Gemüsebrühe erhitzen.

3 Kalziumchlorid und Wasser in einer Schüssel verrühren. Eine zweite Schüssel mit kaltem Wasser füllen.

4 Das Erbsenpüree mit dem Portionierlöffel in die Kalziumchloridlösung geben, 30 bis 40 Sekunden in der Brühe lassen. Herausnehmen, im kalten Wasser waschen.

5 Die lauwarme Gemüsebrühe in Shot-Gläser füllen, Erbsenravioli zugeben.

Erbsenravioli
Portionierlöffel
Shot-Gläser

Brokkoliquader
Eiswürfelform

**Lammfleisch, virtuelle
Kartoffel, geeiste Olivenöl-
Balsamico-Würfel
Brokkoli im Reisblatt**

Fleisch
Fisch
Geflügel

Die Verbindung unterschiedlicher Garmethoden und Texturen ist eine besondere Herausforderung. Das Spiel mit Saucen ist das Tüpfchen auf dem i.

virtuelle Kartoffel

Olivenöl-balsamico-würfel

brokkoli im reisblatt

Vakuumiertes Lammfleisch

Hauptgang

250 g Lammfleisch vom Nierstück
50 g Rucola
8 g Salz
30 ml Olivenöl extra vergine
Pfeffer
Vakuumbeutel

1. Zutaten und Utensilien bereitstellen.

2. Den Rucola in den Vakuumbeutel füllen (der Hygiene zuliebe eventuell Handschuhe tragen).

3. Den Rucola leicht salzen.

4. Das Lammfleisch in den Beutel legen.

5. Das Olivenöl dazugeben.

6. Das Fleisch nochmals leicht salzen und pfeffern.

7. Vakuumbeutel verschließen.

8. In einer Pfanne reichlich Wasser auf 65 °C erhitzen.

9. Den Fleischbeutel in die Pfanne legen, das Fleisch bei 65 °C 12 Minuten ziehen lassen.

10. Den Fleischbeutel aus der Pfanne nehmen, Beutel aufschneiden.

11. Das Fleisch und den Rucola aus dem Beutel nehmen.

12. Das Lammfleisch in Scheiben schneiden.

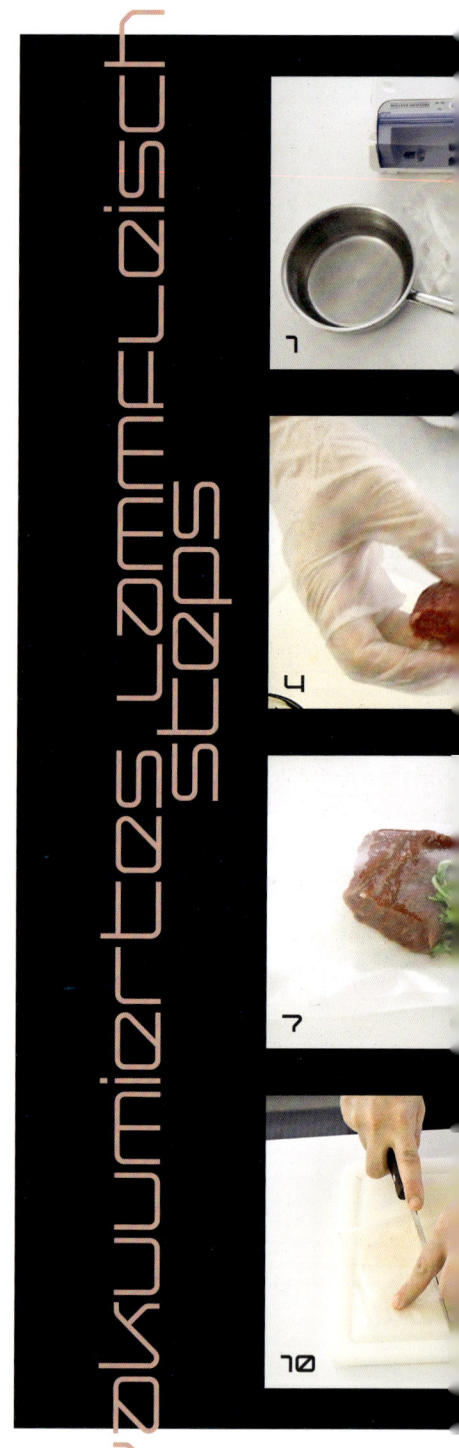

Lammfleisch, virtuelle Kartoffel, geeiste Olivenöl-Balsamico-Würfel Brokkoli im Reisblatt

Hauptgang

Lammfleisch
Rezept Seite 68

Virtuelle Kartoffel

200 g mehlig kochende
    Kartoffeln
6 dl/600 ml Wasser
Salz, Pfeffer
6 g Gellan

20 g Butter
Gemüsebrühe

1   Kartoffeln schälen, mit
dem Wasser aufkochen, Kartoffeln
weichkochen. Pfanneninhalt
abgießen, die Brühe auffangen.

2   375 g Kartoffelbrühe abwägen,
mit Salz und Pfeffer würzen,
Gelan untermixen. Brühe in die
Eiswürfelform (ohne Einlage)
füllen, kalt stellen.

3   Kartoffelmasse aus der Form
stürzen, in Würfel schneiden.

4   Die Butter in der Pfanne
schmelzen, wenig Gemüsebrühe
zugeben, Kartoffelwürfel darin
erwärmen.

Bemerkung
Kartoffeln für einen Kartoffel-Air,
Seite 51, oder Kartoffelpüree/
-stock verwenden.

Geeiste Olivenöl-Balsamico-Würfel

1,2 dl/120 ml Olivenöl extra vergine
1,2 dl/120 ml Balsamico
1 g Salz

Zutaten mit dem Schneebesen gut
verrühren. In die Eiswürfelform
gießen, tiefkühlen.

Bemerkung
Die geeisten Aromawürfel passen
zu Fleisch allgemein. Während
des Gefrierprozesses trennen sich
Olivenöl und Balsamico.

Brokkoli im Reisblatt

100–150 g Brokkoliröschen
4 Reisblätter
wenig Zucker

1   Die Brokkoliröschen im Dampf
knackig garen.

2   In einer Pfanne Wasser erhitzen,
Reisblätter zugeben, überwallen.
Reisblätter mit einem Schaumlöffel
herausnehmen, mit den Brokkoliröschen füllen, einschlagen, im Ofen
leicht erwärmen. Mit wenig Zucker
bestreuen, mit einem Bunsenbrenner
karamellisieren.

Virtuelle Kartoffel
Eiswürfel- oder
Terrineform

**Geeiste Olivenöl-
Balsamico-Würfel**
Eiswürfelform

Brokkoli im Reisblatt
Bunsenbrenner

Lammfilet mit Grünspargel und Ananas auf Dattel-Mango-Sauce

Hauptgang

250 g Lammfilet
1 EL Olivenöl extra vergine

Marinade/Sauce

25 g entsteinte Datteln
40 g Balsamico
10 g Olivenöl extra vergine
Salz, Pfeffer
40 g frische Mango, gewürfelt

9 g gesalzene Pistazien
16 grüne Spargelspitzen
1 kleine Ananas
1 unbehandelte Zitrone,
    fein abgeriebene Schale

1 Datteln, Balsamico und Olivenöl mit dem Stabmixer mixen, Marinade mit Salz und Pfeffer abschmecken.

2 Lammfilet in eine Schüssel legen, mit der Marinade bepinseln, 24 Stunden marinieren. Marinade vom Fleisch abstreifen.

3 Fleischmarinade und Mangos aufmixen, durch ein Sieb streichen.

4 Pistazien mit dem Messer oder im Cutter fein hacken.

5 Spargelspitzen im Dampf knackig garen.

6 Die Ananas oben und unten kappen, Frucht schälen, die braunen Augen ausstechen, Ananas mit dem Kugelausstecher portionieren.

7 Das Lammfilet im Olivenöl rundum kräftig braten, es soll innen noch schön rosa sein.

8 Lammfilet in 4 Portionen teilen, anrichten, mit der Mango-Dattel-Sauce einen Spiegel gießen, den Grünspargel und die Ananaskugeln darauf anrichten, mit Pistazien und der Zitronenschale garnieren.

utensilien

Kugelausstecher
Cutter

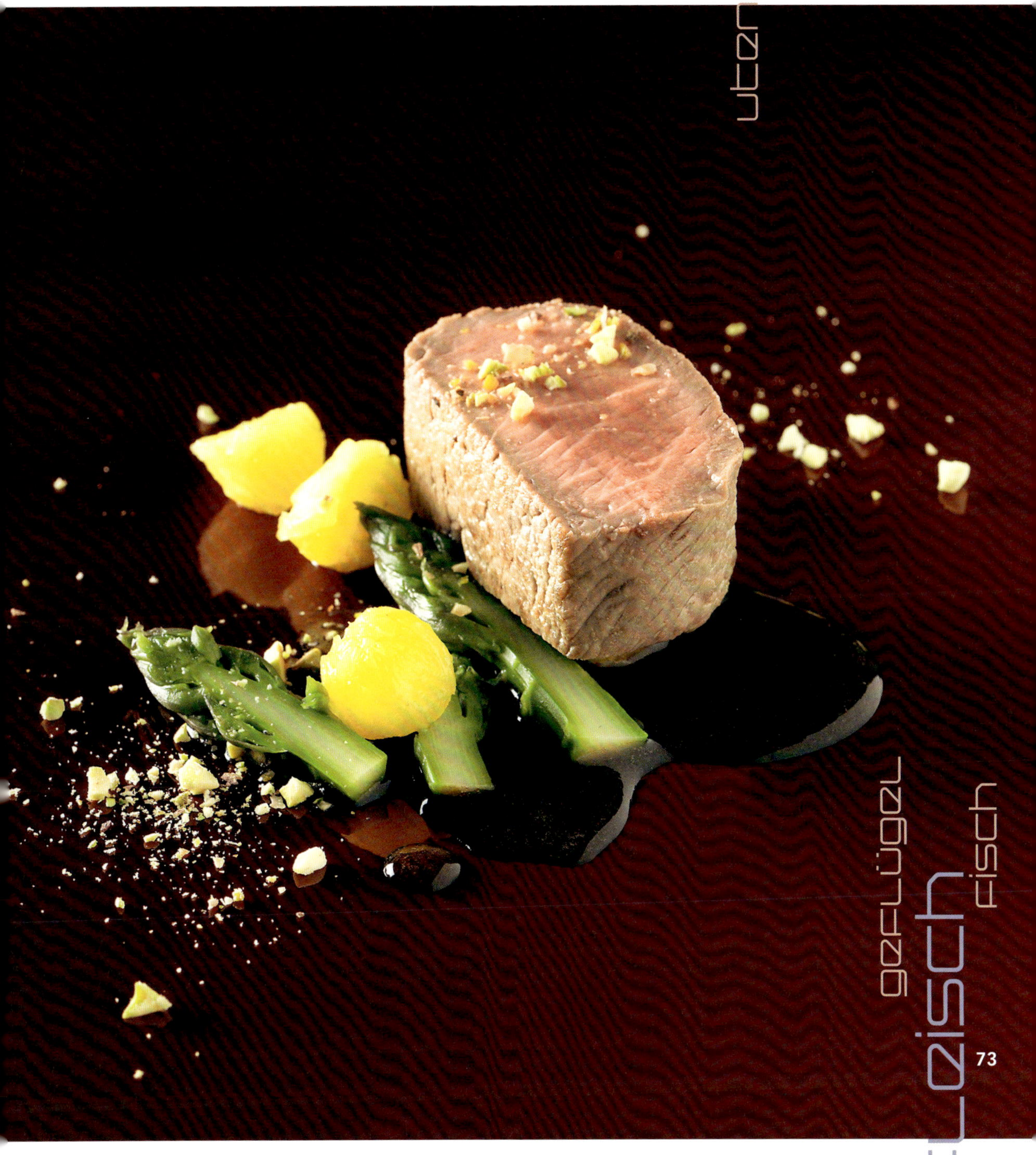

Schweinsfilet auf Apfel-Trauben-Chutney und Zwetschgenfarbe, Grünteenudeln

Zwetschgenfarbe

40 g Zucker
80 g Zwetschgenwürfelchen
wenig Zitronenpfeffer
20 g Rotwein
40 g Balsamico

Den Zucker in einer Pfanne karamellisieren, die Zwetschgen zugeben, dünsten, mit Zitronenpfeffer abschmecken, mit Rotwein und Balsamico ablöschen. Einkochen lassen, aufmixen.

Grünteenudeln

1,2 dl/120 ml Grünteesud
1 g Agar-Agar, 2 g Gellan
3 g Zucker
Gemüsebrühe

Den Grüntee aufkochen, Agar-Agar, Gellan und Zucker unterrühren, nochmals erhitzen. Eine Form mit Klarsichtfolie auskleiden, Grüntee hineingießen. Kalt stellen, bis das Gelee fest ist. Nudeln schneiden, in der Gemüsebrühe erwärmen.

Bemerkung
Den Grünteenudeln gibt man etwas Agar-Agar bei, damit die Nudeln beim Erwärmen elastischer werden.

Anrichten
Zwetschgenfarbe mit Pinsel auf Teller auftragen, Chutney kreisförmig auf Teller geben, Fleisch und Nudeln dazu anrichten.

Hauptgang

Gebratenes Schweinsfilet

Olivenöl extra vergine
500–600 g Schweinsfilet
4 Speckscheiben
Salz, Pfeffer

1   Schweinsfilet mit Salz und Pfeffer würzen, mit dem Speck umwickeln.

2   Das Schweinsfilet unmittelbar vor dem Servieren im Öl rundum kräftig braten, in 4 Portionen teilen.

Apfel-Trauben-Chutney

12 g Zucker
35 g blaue Traubenbeeren
1 kleiner Apfel (100 g)
1 Vanilleschote, aufgeschnitten
16 g Essig
5 g Cognac

1   Traubenbeeren halbieren und entkernen, in Würfelchen schneiden. Apfel schälen, vierteln und entkernen, in Würfelchen schneiden.

2   Zucker, Trauben- und Apfelwürfelchen und Vanilleschote in die Pfanne geben, leicht andünsten, mit dem Essig ablöschen und weichdünsten. Zum Schluss mit Cognac verfeinern.

Grünteenudeln
Terrineform

Kalbsfiletmedaillons in Milch gegart, auf Karottenpüree, mit Apfelgelee

Hauptgang

4 Kalbsfiletmedaillons, je 70 g
1 dl/100 ml Milch
30 g flüssiger Honig
4 Vakuumbeutel
wenig Olivenöl extra vergine
4 Rosmarinzweiglein

Karottenpüree

1 TL Olivenöl extra vergine
10 g Zwiebeln, fein gewürfelt
100 g Karotten, geschält,
    klein gewürfelt
2 dl/200 ml Gemüsebrühe
Salz, Pfeffer

Apfelgelee

1,2 dl/120 ml Apfelsaft
2 g Gellan

1   Für das Karottenpüree Olivenöl erwärmen, Zwiebeln andünsten, Karotten mitdünsten, ablöschen mit Gemüsebrühe, Karotten weichkochen, abschmecken mit Salz und Pfeffer. Pürieren.

2   Den Apfelsaft aufkochen, Gellan untermixen, in die Terrineform gießen.

3   Die Kalbsfiletmedaillons in die Vakuumbeutel legen, Milch und Honig verrühren, auf die 4 Beutel verteilen, Beutel verschließen.

4   Die Pfanne mit Wasser füllen, auf 65 °C erhitzen. Die Vakuumbeutel hineinlegen, bei 65 °C 12 Minuten ziehen lassen. Die Kalbsmedaillons aus dem Vakuumbeutel nehmen. In der Bratpfanne ein wenig Öl erwärmen, Medaillons kurz anbraten, am Schluss für den Geschmack den Rosmarin beifügen. Würzen.

5   Das Apfelgelee in Würfelchen schneiden.

Bemerkung

Wenn das Wasserbad wärmer als 65 °C ist, flockt die Milch aus.

Anrichten

Mit dem warmen Karottenpüree auf die Teller einen Spiegel gießen, Kalbsfiletmedaillons aufschneiden, auf das Karottenpüree legen, mit Rosmarin und Apfelgeleewürfelchen garnieren.

Kalbsfilet
Vakuumbeutel

Karottenpüree
Terrineform

Eglifilet auf lauwarmem Spinatgelee mit Zuckerwattewolke und Kapernpipette, begleitet von Karottenluftkissen aus der Mikrowelle

Hauptgang

Spinatgelee

100 g frischer Spinat
5 g Gellan
2 dl/200 ml Gemüsebrühe
Salz, Pfeffer

1 Spinat im Dampf zusammenfallen lassen.

2 Spinatpüree mit Gellan und Gemüsebrühe aufkochen, mit Salz und Pfeffer abschmecken, in die Terrineform gießen, erkalten lassen.

3 Spinatgelee vor dem Servieren in Stücke schneiden, in Gemüsebrühe erwärmen.

Aceto-Kapern-Pipette

50 g Olivenöl extra vergine
25 g Balsamico
40 g Kapern, 10 g Zucker
Salz, Pfeffer

1 Alle Zutaten mixen, mit Salz und Pfeffer abschmecken, durch ein Sieb passieren.

2 Den Kapernmix in die Pipetten aufziehen.

Eglifilet

4 Eglifilets
Olivenöl extra vergine
Salz, Pfeffer

Fischfilets unmittelbar vor dem Servieren würzen und im Olivenöl zuerst mit der Hautseite unten braten, wenden, fertigbraten.

Karottenluftkissen

80 g Karottensaft
120 g Eiweiß
70 g Eigelb
20 g Mehl
3 g Xanthan
Salz, Pfeffer

1 Karottensaft, Eiweiß, Eigelb, Mehl und Xanthan gut verrühren, mit Salz und Pfeffer würzen. Karottenmasse in den iSi-Gourmet-Whip (½ l Inhalt) gießen, 2 Patronen laden. 30 Minuten stehen lassen.

2 Die Plastikbecher ausbuttern und in den Boden 2 kleine Löcher stechen. Die Masse bis zur Hälfte in die Becher füllen. 30 Sekunden in die Mikrowelle stellen.

Zusätzliches Rezept
Zuckerwattewolke I 94

Anrichten

Fischfilet mit Karottenluftkissen auf dem Spinatgelee anrichten. Die Kapernpipette in den Fisch stecken.

Spinatgelee
Terrineform

Aceto-Kapern-Pipette
Pipetten

Karottenluftkissen
Mikrowelle
iSi-Gourmet-Whip
Plastikbecher

Im Schlauch gegarte Pouletbrust
mit dekonstruiertem Ratatouille

Hauptgang

Pouletbrust

4 Pouletbrüstchen
4 Thymianzweiglein
Salz, Pfeffer

1 Die Pouletbrüstchen würzen, den Bratschlauch auf die Größe der Pouletbrüstchen zuschneiden. Das Thymianzweiglein auf den Schlauch legen, Pouletbrüstchen darauflegen, beide Schlauchenden gut binden.

2 Backofen auf 180 °C vorheizen, Pouletbrüstchen auf das Gitter legen, 12 Minuten garen. Im Bratschlauch servieren.

Ratatouille

50 g rote Peperoni-/
    Paprikawürfelchen
½ l Wasser
Salz, Pfeffer, 1 g Gellan

50 g Zucchiniwürfelchen
½ l Wasser
Salz, Pfeffer, 1 g Gellan

50 g Auberginenwürfelchen
½ l Wasser
Salz, Pfeffer, 1 g Gellan

1 Würfelchen von Peperoni, Zucchini und Aubergine einzeln im Wasser kochen. Das Wasser soll den Geschmack des Gemüses annehmen. Würzen. Die Gemüsewürfelchen mit einem Schaumlöffel aus der Brühe nehmen (als Garnitur verwenden).

2 Von jedem Gemüsesaft 120 g abwiegen, Gellan unterrühren, nochmals aufkochen, jede Masse einzeln in eine etwa 1 cm hohe Form gießen, festwerden lassen.

3 Die Gelees aus den Formen stürzen und in Würfel schneiden, in Gemüsebrühe erwärmen.

utensilien

**Pouletbrust/
Ratatouille**
Bratschlauch
Terrine- oder Eiswürfel-
formen

Gebratenes Zanderfilet mit Lauch und rotem Peperoni-kaviar auf Süßholzreduktion

Abbildung Seite 30

Vorspeise oder Hauptgang

Zanderfilet

4 Zanderfilets, je 60 g
Salz, Pfeffer

Die Zanderfilets ohne Fett in
einer beschichteten Bratpfanne
beidseitig kurz braten.

Lauch

20 g Butter
200 g dünne Lauchstangen
½ dl/50 ml Gemüsebrühe
Salz, Pfeffer

Lauchstangen putzen, schräg
in etwa 15 mm breite Stücke
schneiden. Die Butter zergehen
lassen, Lauch andünsten, Gemüsebrühe zugeben, Lauch knackig
dünsten, abschmecken.

Süßholzreduktion

1 Stück Süßholz
½ dl/50 ml Rahm/Sahne
½ dl/50 ml Milch
6 g Zucker

Alle Zutaten aufkochen und auf
die Hälfte einkochen lassen. Durch
ein Sieb passieren.

Zusätzliches Rezept
Peperoni-/Paprikakaviar | 32

Anrichten

Mit der Süßholzreduktion einen
Spiegel auf die Teller gießen, Zander-
filet darauf anrichten, garnieren
mit Lauch und Peperoni-/Paprika-
kaviar.

81

Pochiertes Poulet im Rosmarinfond
mit Orangensinfonie

Orangenwürfel

2 dl/200 ml Orangensaft
4 g Gellan

Orangensaft und Gellan aufkochen,
in die Form gießen, kalt stellen. Das
Gelee in Würfel schneiden.

Vorspeise

Poulet

200 g Pouletbrust
½ l Gemüsebrühe
Rosmarinzweig
Salz, Pfeffer

Gemüsebrühe mit Rosmarin-
zweig auf 65 °C erwärmen, Pouletbrust in die Brühe legen, etwa
15 Minuten ziehen lassen.

Garnitur

10 g Zucker
20 g Orangenschalenstreifen
1 dl/100 ml Orangensaft
1 dl/100 ml Wasser

Den Zucker in einer Pfanne leicht
karamellisieren, die Orangenstreifen
zugeben, ablöschen mit Orangensaft und Wasser, Flüsigkeit einkochen
lassen.

Klare Orangenwürfel

2 Orangen
6 dl/600 ml Wasser
50 g Zucker
6 g Gellan

Anrichten
Pochierte Pouletbrust portionieren,
d. h. in Scheiben schneiden, mit
den Orangenwürfeln anrichten, mit
den Orangenschalen garnieren.

7 Von den Orangen mit dem
Ziseliermesser Streifen abziehen.
Oder mit dem Sparschäler
Streifen abziehen und diese längs
in feine Streifen schneiden
(die Streifen sind für die Garnitur
bestimmt). Orangen großzügig
schälen und auch die weiße Haut
entfernen, die Fruchtfilets aus
den Trennhäuten schneiden und
entkernen.

2 Wasser, Zucker und Gellan
aufkochen, in die Form gießen,
Orangenfilets so anordnen, dass sie
später beim Aufschneiden des
Gelees ganz bleiben (siehe Bild).

Orangenwürfel

Terrineformen

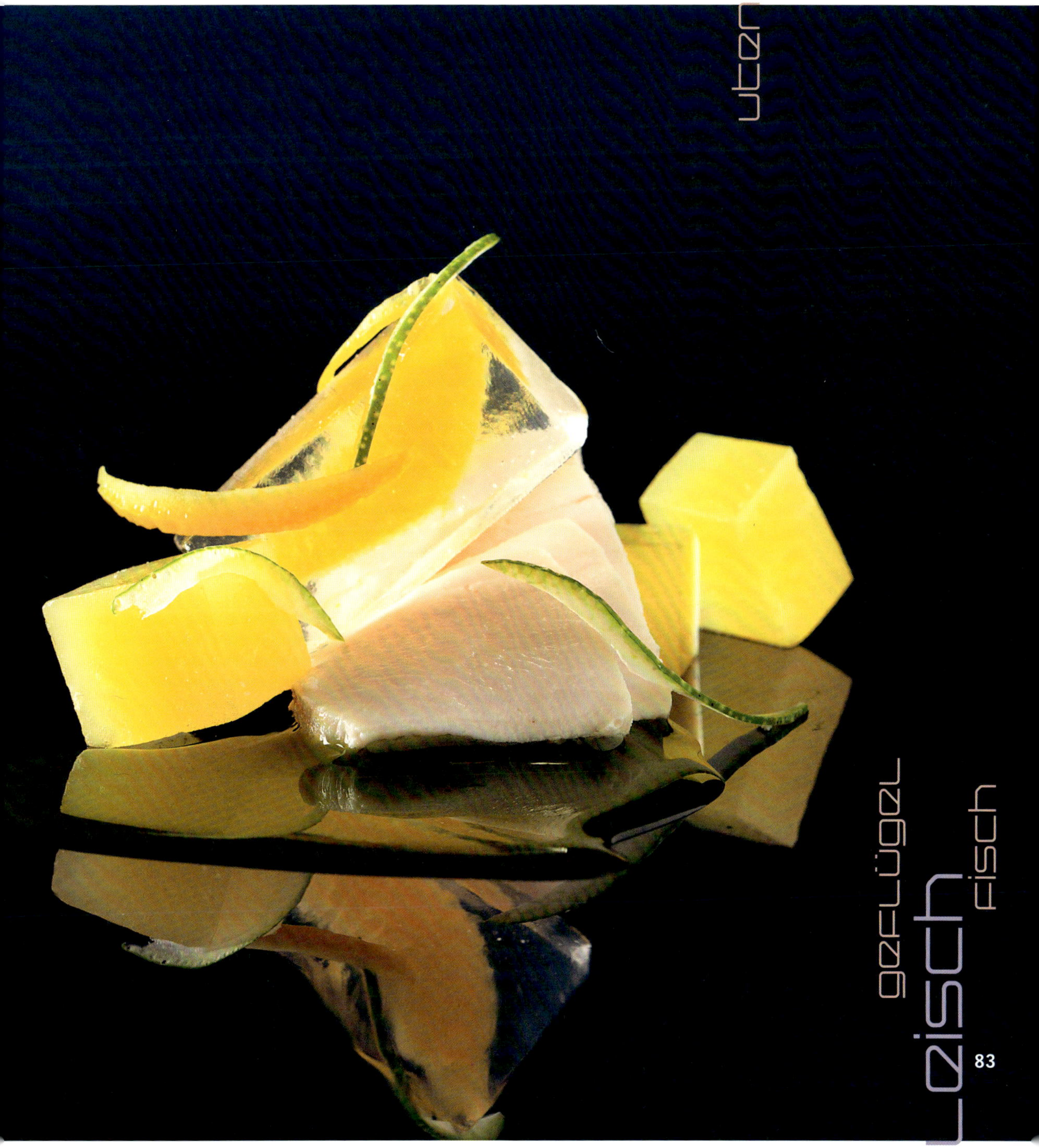

molekular
rezepte

Öliges Süßes Geräuchertes

Das Spiel mit den drei Elementen verspricht Spannendes und Abwechslung. Geräucherter Käse und Zwiebeln in Kombination mit Erdbeeren sind neue Elemente. Die wiederentdeckte Zuckerwattenmaschine erobert im zweiten Anlauf auch den Privathaushalt.

Geräucherte Käseplatte
in Petrischale

Vorspeise

350 g gemischter Käse,
    Halbhart- und Weichkäse,
    portioniert

1 Räucherpfeife
2 g Räuchermehl (Buchen-Kirschen-
    Mischung)
4 große Petrischalen,
    12 cm Durchmesser

1   Zutaten und Utensilien
    bereitstellen.

2   Den Käse auf die Petrischalen
    verteilen.

3   Die Räucherpfeife mit Räucher-
    mehl füllen.

4   Die Räucherpfeife anzünden.

5   Rauch in die gedeckte Petri-
    schale strömen lassen.

6   Käse kurz räuchern, servieren.

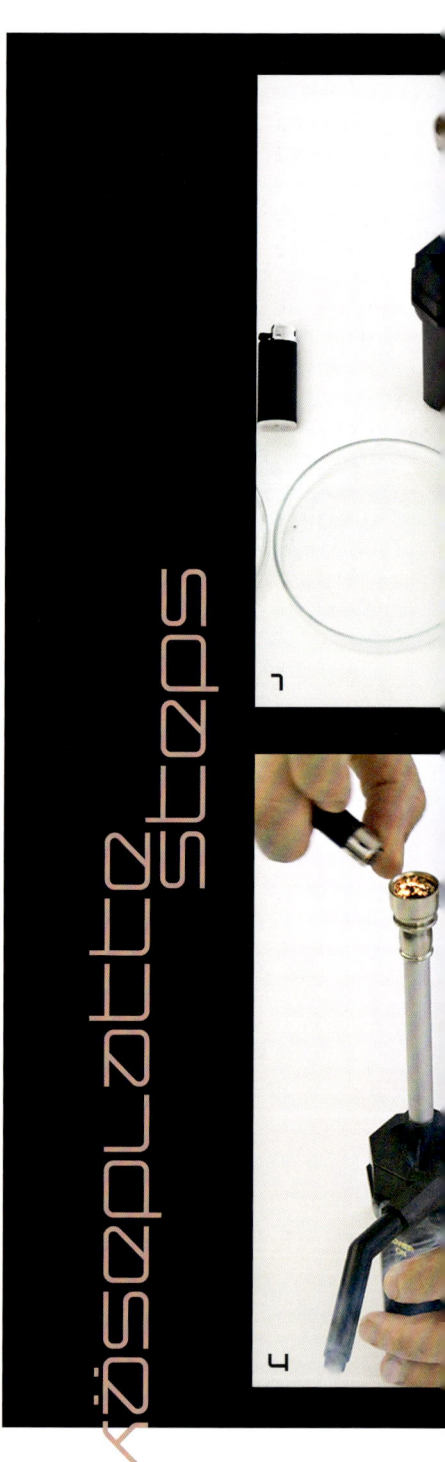

käseplatte steps

utensilien

Räucherpfeife
Petrischalen
Räuchermehl

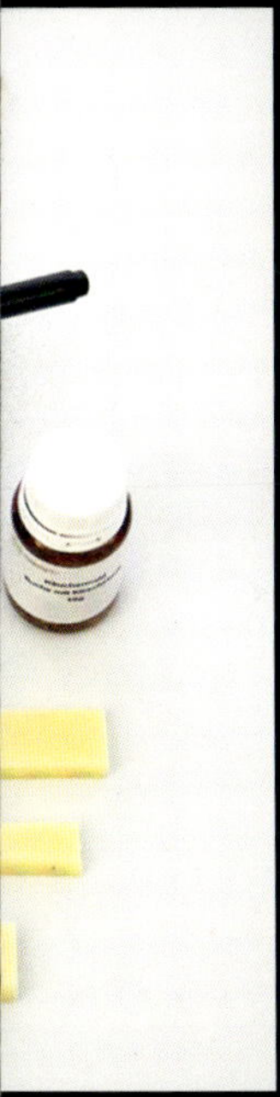

öliges süsses geräuchertes

Vanillierte Olivenölwürfel

Abbildung Seite 44

Beilage

100 g Wasser
200 g Zucker
200 g Olivenöl extra vergine
4 Blatt Gelatine
4 Vanilleschoten, aufgeschnitten

Zucker zum Wenden

1 Gelatine in kaltem Wasser einweichen.

2 Wasser und Zucker aufkochen, das Olivenöl im Faden zugeben und mixen, bis die Masse homogen ist. Das Vanillemark abstreifen und zugeben. Gelatine ausdrücken, mit dem Schneebesen unterrühren. Masse in die Schale füllen und 2 Stunden kalt stellen.

3 Das Olivenölgelee in Würfel schneiden und im Zucker wenden.

Safranisierte Eischneewürfel

Abbildung Seite 44

Beilage

60 g Wasser
10 g Zucker
60 g Olivenöl extra vergine
wenig Safranpulver
2 Blatt Gelatine
100 g Eiweiß
60 g Zucker

1 Gelatine in kaltem Wasser einweichen.

2 Wasser mit Zucker aufkochen, das Olivenöl im Faden zugeben und mixen, bis die Masse homogen ist, mit Safran würzen. Gelatine ausdrücken und unterrühren.

3 Ein Backblech mit Klarsichtfolie auskleiden.

4 Das Eiweiß mit dem Zucker steifschlagen. Unter die Ölemulsion ziehen. Die Eischneemasse auf dem vorbereiteten Blech etwa 1 cm hoch verstreichen. 4 Stunden kalt stellen.

5 Die Eischneemasse in Würfel schneiden.

**Vanillierte
Olivenölwürfel**
Stabmixer
Terrineform

**Safranisierte
Eischneewürfel**
Stabmixer
kleines Backblech

Baileys Eiscreme
Eiswürfelbeutel
Thermometer

**Schoko-
Espresso**
Espressotassen

Schoko-Espresso

Dessert

100 g Zartbitter-Schokolade
20 g Zucker
60 g Eiweiß, pasteurisiert
1 dl/100 ml Rahm/Sahne
½ dl/50 ml Espresso

1 Schokolade in Stückchen
brechen, in einem Schüsselchen
mit kochendem Wasser über-
gießen, Schokolade schmelzen,
Wasser vorsichtig abgießen.

2 Zucker und Eiweiß steifschlagen. Rahm steifschlagen.

3 Flüssige Schokolade, Schlagrahm und Espresso mischen.
Eischnee sorgfältig unterziehen,
in Espressotassen füllen.

Heiße Baileys-Eiscreme

Dessert

1 dl/100 ml kalter Espresso
½ dl/50 ml Milch
½ dl/50 ml Baileys
10 g Zucker
7 g Methylzellulose

1 Kaffee, Milch, Baileys, Zucker
und Methylzellulose verrühren.

2 Kaffee in einen Eiswürfelbeutel
füllen. 22 Stunden kalt stellen.

3 In einer Pfanne Wasser auf
40–60 °C erwärmen, Kaffeebeutel
8 Minuten in das warme Wasser
legen. Herausnehmen, servieren.

Erdbeeren auf Balsamico- und Wasabigelee, mit Mangos und Kokosnussraspeln

Dessert

Wasabigelee

9 g Wasabi, 1 g Agar-Agar
1 Blatt Gelatine, in Wasser
    eingeweicht, ausgedrückt
1 g Gellan, 10 g Zucker
½ dl/50 ml Rahm/Sahne
½ dl/50 ml Wasser

Alle Zutaten in einer Pfanne glattrühren, unter Rühren aufkochen und
in die Form gießen (die Formgröße
so wählen, dass das Gelee 5 mm
hoch wird).

Balsamicogelee

½ dl/50 ml Balsamico
35 ml Wasser, 10 g Zucker, 2 g Gellan

Alle Zutaten in einer Pfanne glattrühren, unter Rühren aufkochen, in
die Form gießen (die Formgröße
so wählen, dass das Gelee 1–2 mm
hoch wird).

Garnitur

Erdbeeren, 1 Mango
Kokosnussraspel

Anrichten

Erdbeeren in Scheiben schneiden.
Mango schälen, Fruchtfleisch
vom Stein schneiden und würfeln.
Vom Wasabigelee 4 große und
4 kleine Quadrate schneiden. Vom
Balsamicogelee 4 große, 4 mittel-
große und 4 kleine Quadrate
schneiden. Gemäß Foto anrichten.

Wasabigelee
Terrineform

Balsamicogelee
Terrineform

Erdbeer-Grand-Marnier-Gelee mit Grünspargel und Zwiebel auf Vanille-Safran-Sauce

Vorspeise oder Dessert

Süßsaure Zwiebeln

4 kleine rote Zwiebeln
25 ml Obstessig
1,6 dl/160 ml Wasser
35 g Zucker

Essig, Wasser und Zucker
aufkochen, Zwiebeln zugeben
und weichkochen.

Erdbeer-Grand-Marnier-Gelee

4 große Erdbeeren
1,8 dl/180 ml Wasser
10 g Zucker
20 g Grand Marnier
2 Minzeblätter
2 g Gellan
2 g Agar-Agar

1 Erdbeeren am Stielansatz
gerade schneiden, mit der Schnitt-
seite unten in die mit Klarsichtfolie ausgekleidete Form stellen.

2 Wasser, Zucker, Grand Marnier
und Minzeblätter aufkochen. Durch
ein Sieb passieren.

3 Gellan und Agar-Agar unter das
Minzewasser rühren, aufkochen,
in die Form gießen; die Erdbeerspitze
soll frei bleiben (siehe Foto).

Vanille-Safran-Sauce

1 Vanilleschote, aufgeschnitten
1 dl/100 ml Milch
15 g Zucker
1 Prise Safranpulver
3 g Xanthan

Abgestreiftes Vanillemark, Milch und
Zucker aufkochen, Safranpulver
unterrühren, Xanthan unterrühren,
nochmals erhitzen.

Spargel

8 grüne Spargelspitzen,
    knackig gekocht

Anrichten
Vanille-Safran-Sauce mit einem
Löffel auf die Teller träufeln und eine
Zeichnung machen (siehe Foto),
das Erdbeer-Grand-Marnier-Gelee mit
Grünspargel und Zwiebel auf Teller
legen.

Erdbeer-Grand-Marnier-Gelee
Terrineform

Rendez-vous von Gemüsesaft und Zuckerwatte

Abbildung

Aperitif

Gemüsesäfte

½ dl/50 ml frisch gepresster
    Karottensaft
½ dl/50 ml frisch gepresster
    Tomatensaft
½ dl/50 ml frisch gepresster
    Gurkensaft
½ dl/50 ml frisch gepresster
    Randen-/Rote-Bete-Saft

Gemüsesäfte in die Pipetten füllen.

Zuckerwatte

weißer Zucker

Mit der Zuckerwattemaschine kleine
Zuckerwattewolken herstellen.

Bemerkung
Die Zuckerwatte ist sehr süß
und harmoniert ausgezeichnet mit
Gemüsesäften.

Cassisgelee mit weißen und roten Traubenbeeren

Dessert

8 Blatt Gelatine
2½ dl/250 ml Cassissaft
100 g blaue Traubenbeeren
100 g rote Traubenbeeren

1   Gelatine in kaltem Wasser
einweichen.

2   Terrineform mit Klarsichtfolie
auskleiden.

3   Cassissaft aufkochen, Gelatine
ausdrücken und unter Rühren
zugeben. In die Terrineform gießen.
Kalt stellen.

4   Cassisgelee portionieren, mit
den halbierten, entkernten Traubenbeeren garnieren.

Bemerkung
Der Cassisgeschmack kommt
erst richtig zur Geltung, wenn man
das Gelee eine gewisse Zeit im
Gaumen behält und einspeichelt.

Cassisgelee
Terrineform mit Inhalt
bis zu ½ Liter

öliges
süsses
geräuchertes

Erdbeere im Zuckerwatteschleier
mit getrockneten Kapern

Vorspeise oder Dessert

4 große Erdbeeren
50 g Kapern

Zucker

1 Kapern im Ofen bei ca. 100 °C
3 Stunden trocknen.

2 Mit der Zuckerwattemaschine
Zuckerwatteschleier herstellen, diese
über die Erdbeeren verteilen, mit
den getrockneten Kapern bestreuen.

Bemerkung
Getrocknete Kapern in eine Pfeffer-
mühle füllen, über die Erdbeeren
mahlen.

öliges

süsses

geräuchertes

Knoblauch in Honig auf Olivenölsockel, im Isomaltnetz

Abbildung

Knoblauch im Honig

4 Knoblauchzehen
0,9 dl/90 ml Milch
30 g Honig

1 Knoblauchzehen schälen und in Scheiben schneiden, in der Milch blanchieren.

2 Honig in der Pfanne erwärmen, Knoblauchscheiben im Honig wenden, auf ein Backpapier legen.

Isomaltnetz

100 g Isomalt

Isomalt in einer Pfanne erwärmen, mit einem Suppenschöpfer in die Pfanne gehen und warten, bis sich Spitzchen bilden, nun den Schöpfer sofort durchziehen, es entsteht ein dünner Faden, mit dem ein Netz gewoben werden kann.

Zusätzliche Rezepte
Vanillierte Olivenölwürfel | 88
Die halbe Menge nehmen und dünn ausgießen.

Schokoladenluft

1,8 dl/180 ml Wasser
250 g Zartbitter-Schokolade
1 Blatt Gelatine, in Wasser
    eingeweicht

1 Schokolade klein hacken.

2 Wasser und Schokolade in die Pfanne geben, bei schwacher Hitze leicht erwärmen, die ausgedrückte Gelatine unterrühren.

3 Die Schokomasse in eine Schüssel geben, im Eisbad (Wasser mit Eiswürfeln) mit dem Stabmixer kalt schlagen, bis dic Masse schaumig ist. Schokomousse 24 Stunden kalt stellen.

Schokoladenluft

Stabmixer

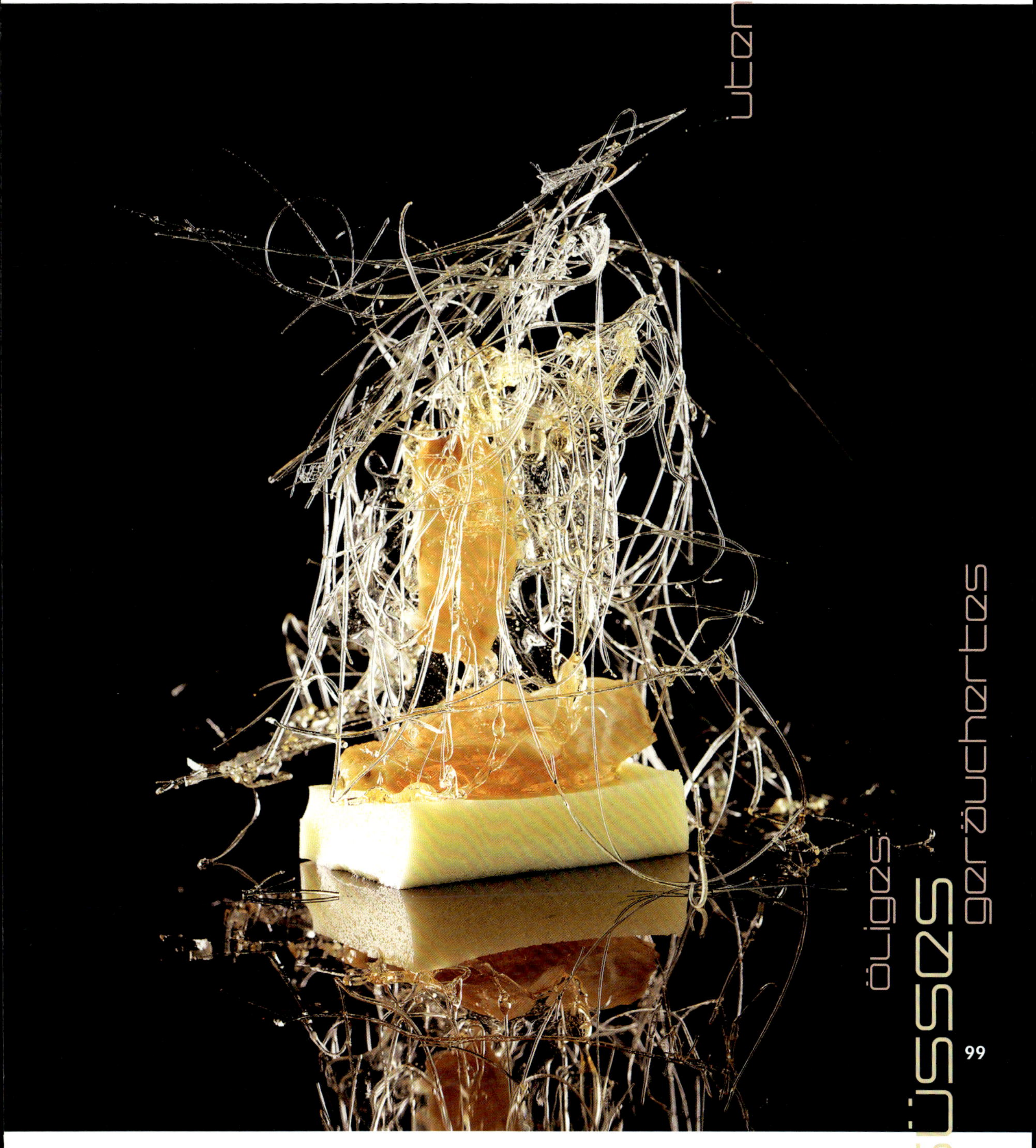

öliges
süsses
geräuchertes

Geräuchertes Gemüsecarpaccio
mit Rosmarinduft

Beilage

1 Zucchino
1 Karotte
1 Pfälzer Rübe

2 g Räuchermehl
frische Rosmarinnadeln

1 Karotte und Pfälzer Rübe
schälen.

2 Karotte, Pfälzer Rübe und
Zucchino im Salzwasser knackig
garen, im Eiswasser (Wasser
mit Eiswürfeln) abschrecken, damit
die natürliche Farbe erhalten
bleibt.

3 Zucchino beidseitig kappen,
quer halbieren, längs in Scheiben
schneiden. Karotte und Pfälzer
Rübe beidseitig kappen, längs in
Scheiben schneiden

4 Gemüse auf Petrischalen
verteilen. Die Räucherpfeife
mit dem Räuchermehl und den
Rosmarinnadeln füllen, Räucherpfeife anzünden. Den Rauch
unter die gedeckten Petrischalen
strömen lassen. Gemüse kurz
räuchern, servieren.

Zusätzliches Rezept
Kräutervinaigrette | 117

öliges

süsses

geräuchertes

Orangeneiscreme mit Coca-Cola-Kaviar, rote Chili, Melonen- und Tomatenchutney

Orangeneiscreme | 104
Coca-Cola-Kaviar | 36
Tomatenchutney | 117
Melonenchutney I 117

Aus flüssigem Stickstoff

Beim Umgang mit flüssigem Stickstoff ist größte Vorsicht, Sorgfalt und Konzentration wichtig. Es müssen sämtliche Sicherheitsvorschriften wie Schutzbrille, Handschuhe und gut durchlüfteter Raum eingehalten werden.
In nur wenigen Minuten entstehen Kreationen, die optisch und geschmacklich einzigartig sind.

orangeneiscreme
coca-cola-kaviar
tomatenduftzu

aus flüssigem stickstoff

Orangeneiscreme

Dessert

50 g Puderzucker
1½ dl/150 ml Orangensaft
½ dl/50 ml Grand Marnier
½ l Milch
½ l Rahm/Sahne

1 Zutaten und Utensilien bereitstellen.

2 Sicherheitsvorschriften im
   Umgang mit flüssigem Stickstoff
   beachten. Nur im Freien oder
   in einem gut belüfteten Raum in
   das Dewar-Gefäß einfüllen.

3 Die Zutaten für die Eiscreme
   gut verrühren.

4 Mit dem Suppenschöpflöffel
   vorsichtig und unter Rühren so
   viel flüssigen Stickstoff zur
   Creme geben, bis die Eiscreme
   die gewünschte Konsistenz
   hat.

5 Dewar-Gefäß mit dem Kork-
   deckel verschließen.

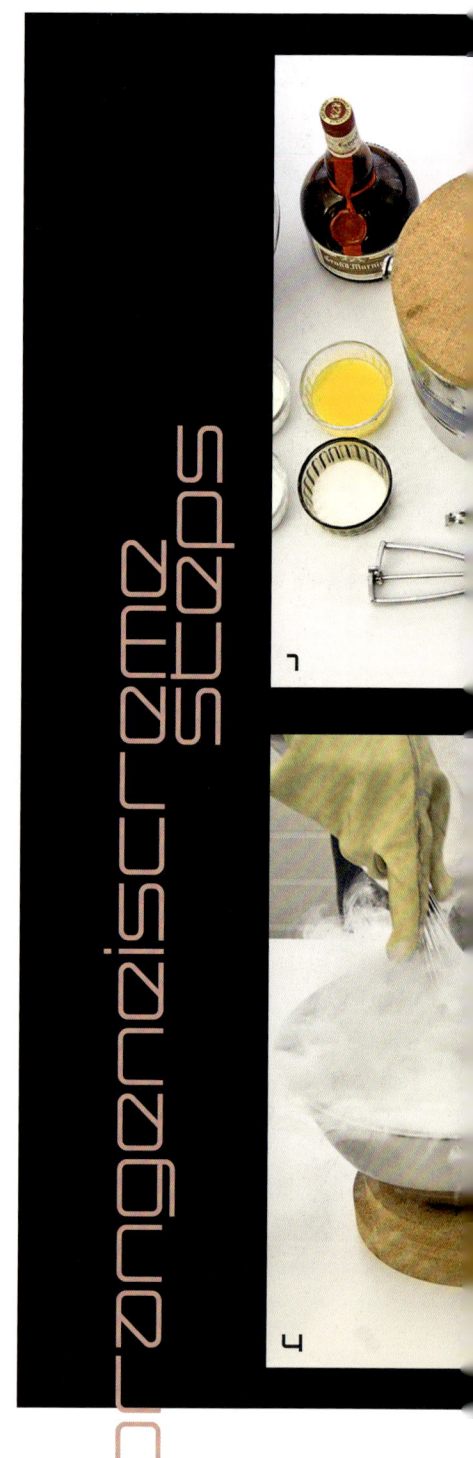

utᴇnsiᴌiᴇn

Schutzbrille
Handschuhe
flüssiger Stickstoff
Suppenschöpflöffel
Dewar-Gefäß

Basilikum-Minze-Gin-Nitro

Vorspeise oder Dessert

10 g Basilikum
1 dl/100 ml Wasser
1 Minzeteebeutel
35 g Zucker
30 ml Gin
1 dl/100 ml Milch
2½ dl/250 ml Rahm/Sahne
20 g Espumapulver

1 Basilikum und Wasser aufkochen, Minzeteebeutel zugeben. Zucker und Gin unterrühren. Basilikum und Minzebeutel nach 10 Minuten entfernen. Kalt stellen.

2 Milch, Rahm und Espumapulver glattrühren.

3 Basilikum-Minze-Sirup und Rahmgemisch in den iSi-Gourmet-Whip füllen, 1 Patrone laden.

4 Die Masse in den flüssigen Stickstoff tropfen lassen, kurz garen, herausnehmen und genießen.

Schokospaghetti auf süßem Pesto mit Limetteneis

Abbildung

Dessert

Süßer Pesto

20 g Zucker
40 g Olivenöl extra vergine
5 g Basilikum
5 g geriebener Parmesan

Für den Pesto alle Zutaten kurz mixen.

Limetteneiscreme

½ dl/50 ml Minzesirup
1 dl/100 ml Rahm/Sahne
1 dl/100 ml Milch
30 ml Limettensaft

1 Alle Zutaten verrühren.

2 Mit dem Suppenschöpflöffel vorsichtig und unter Rühren so viel flüssigen Stickstoff zur Creme geben, bis die Eiscreme die gewünschte Konsistenz hat.

Weiteres Rezept
Schoko-Spaghetti | 108

Anrichten

Den süßen Pesto auf Glasteller verteilen. Limetteneis daraufsetzen. Mit Schoko-Spaghetti garnieren.

Basilikum-Minze-
Gin-Nitro
iSi-Gourmet-Whip
flüssiger Stickstoff

Schoko-Spaghetti

Dessert

35 g Zartbitter-Schokolade
1 dl/100 ml Wasser, 10 ml Amaretto
1 g Gellan

1. Zutaten und Utensilien bereitstellen.

2. Schokolade hacken, mit dem Wasser und dem Amaretto erwärmen.

3. Gellan unter die warme Schoko-Flüssigkeit rühren.

4. Mit Hilfe eines Trichters die Schoko-Flüssigkeit in eine Tube füllen.

5. Die Schokoflüssigkeit in die Röhrchen des Spaghetti-Kit oder in Trinkhalme füllen.

6. Verbindungsstück auf den iSi-Gourmet-Whip schrauben.

7. Den iSi-Gourmet-Whip-Bläser mit einer Patrone Gas laden.

8. Die Schläuche am Verbindungsstück befestigen.

9. Die Spaghetti mit wenig Druck in eine mit Wasser gefüllte Glasschüssel drücken.

10. Spaghetti herausfischen und anrichten.

Variante

Die Spaghetti kurz in den flüssigen Stickstoff tauchen.

Kombination

Schoko-Spaghetti auf süßem Pesto mit Limetteneis | 106

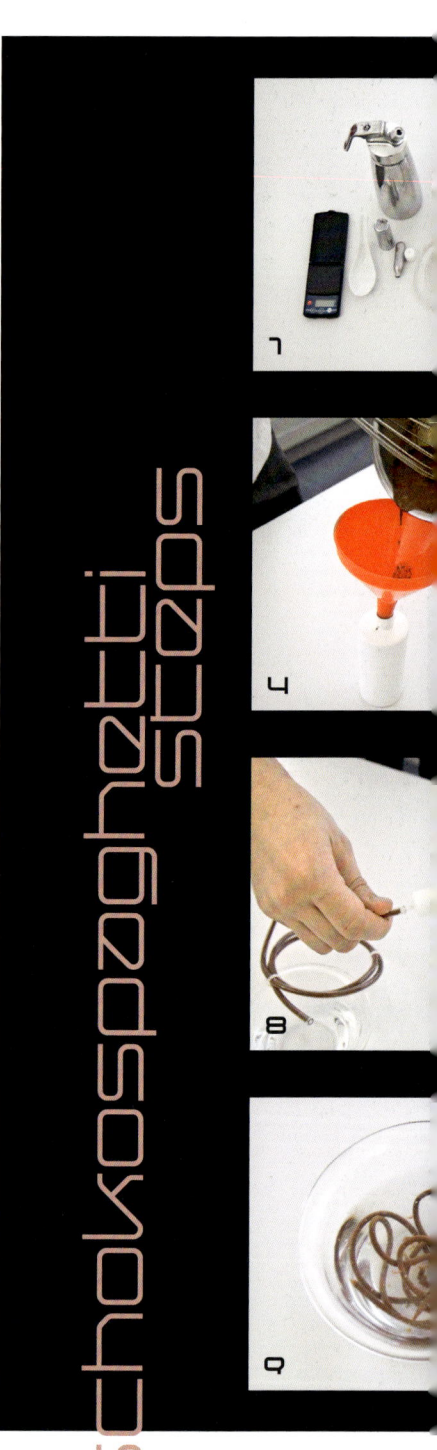

schokospaghetti steps

schokospaghetti

Grapefruit-Spaghetti auf Zitrusfrüchten

Vorspeise oder Dessert

Grapefruit-Spaghetti

20 g Zucker
1 dl/100 ml roter Grapefruitsaft
40 ml Wasser
2 g Gellan, 2 g Agar-Agar

1   Zucker, Grapefruitsaft und Wasser aufkochen, Gellan und Agar-Agar unterrühren, aufkochen.

2   Mit Hilfe eines Trichters den Fruchtsaft in eine Tube füllen. In die Röhrchen des Spaghetti-Kit oder in Trinkhalme füllen.

3   Auf den iSi-Gourmet-Whip das Verbindungsstück schrauben. Eine Gaspatrone laden. Die Schläuche am Verbindungsstück befestigen. Die Spaghetti mit wenig Druck in eine mit Wasser gefüllte Schüssel drücken. Spaghetti mit einem Kaviarlöffel herausfischen.

Variante
Die Spaghetti kurz in den flüssigen Stickstoff tauchen.

Zitrusfruchtsalat

je 30 g Limetten- und Zitronenfilets
10 g Puderzucker

6 g gesalzene Pistazien, gehackt

Früchte und Puderzucker mischen.

Anrichten
Grapefruitspaghetti auf den Früchten anrichten, mit Pistazien bestreuen.

Gincream auf Eischneewolke Grenadinesirup

Abbildung

Dessert

Gincream
20 g Zucker
1 g Xanthan
20 ml Gin
1 dl/100 ml Rahm/Sahne

wenig Grenadinesirup
Minzeblätter, in flüssigen
    Stickstoff getaucht

1   Den Rahm steif schlagen.

2   Zucker Xanthan und Gin verrühren und unter den Schlagrahm ziehen.

Zusätzliches Rezept
Eischneewolke/
Meringue I 112

Anrichten
Eine Eischneewolke auf Glasteller setzen, Gincream daraufsetzen, mit Grenadinesirup beträufeln, mit der Minze garnieren.

Grapefruit-Spaghetti
Spaghetti-Kit oder
Trinkhalme
iSi-Gourmet- Whip
flüssiger Stickstoff

Minze für Gincream
flüssiger Stickstoff

aus flüssigem

stickstoff

Eischneewolke/ Meringue

Dessert

20 g Zucker
2 Eiweiß
wenig Gin

1 Zutaten und/Utensilien bereitstellen.

2 Das Eiweiß mixen, bis es weiß und schaumig ist.

3 Wenig Gin unterrühren.

4 Zwei Esslöffel in den flüssigen Stickstoff tauchen. Damit kann verhindert werden, dass die Masse klebt.

5 Mit den beiden Esslöffeln Klößchen formen.

6 Klößchen in den flüssigen Stickstoff geben.

7 Die Klößchen mit dem Kaviarlöffel 2 bis 3 Mal wenden, herausnehmen.

8 Die Klößchen genießen: Vorsicht, sie dürfen nicht zu fest gefroren sein.

9 Den Dampf bei geschlossenem Mund durch die Nase entweichen lassen.

Wichtig
Die Esslöffel müssen für jedes Klößchen wieder in den flüssigen Stickstoff getaucht werden.

Kombination
Mit Gincream und Grenadine-sirup | 110

meringue steps

Schutzbrille
Handschuhe
Dewar-Gefäß
flüssiger Stickstoff
Kaviarlöffel

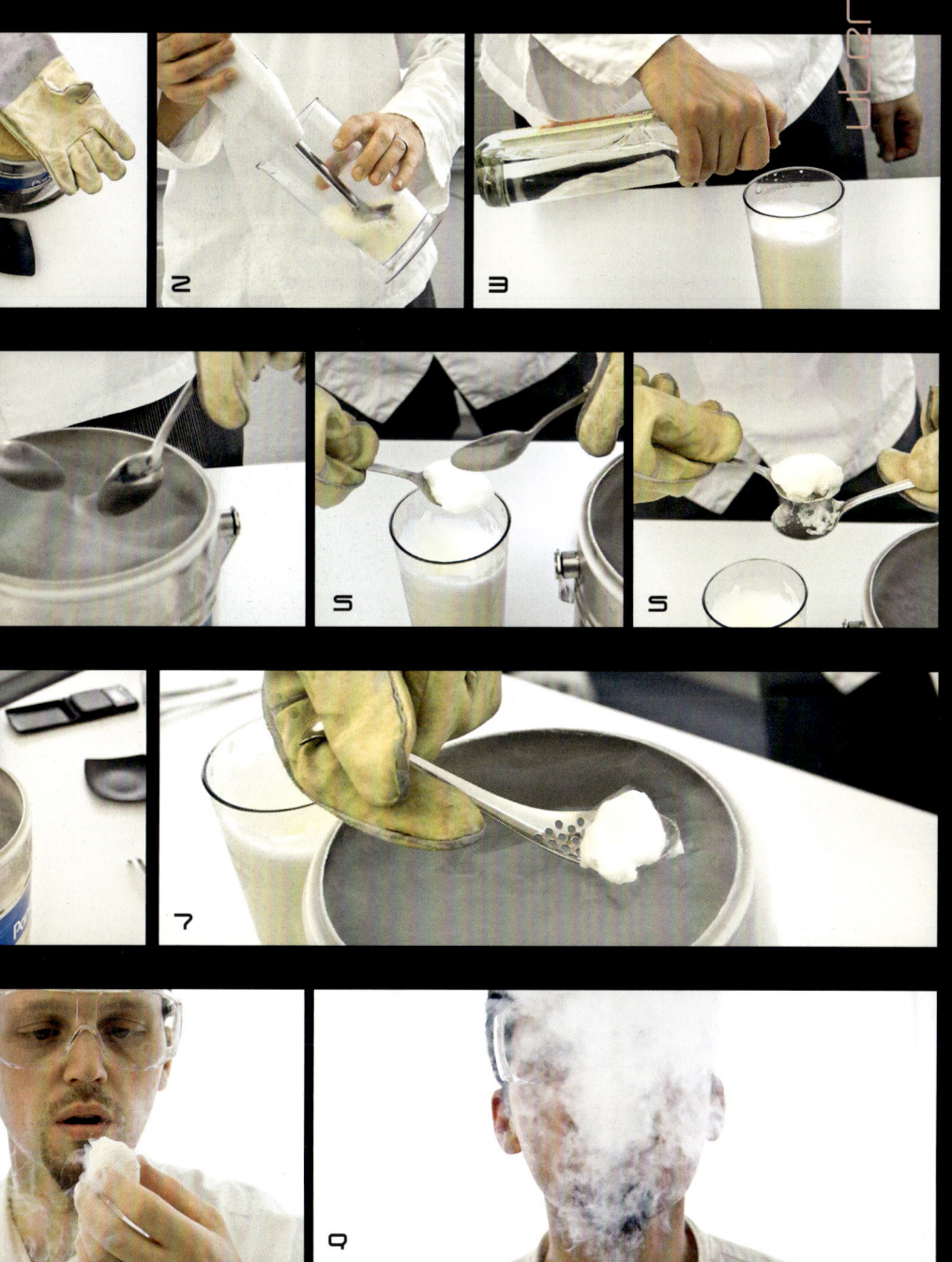

2

3

5

5

7

9

aus flüssigem

stickstoff

Mangocreme mit dampfenden Wasabiklößchen

Vorspeise/Dessert

250 g Mangofruchtwürfel
1 dl/100 ml Milch
50 g Kokosnussmilch
40 g Puderzucker

1 dl/100 ml Rahm/Sahne
1 g grüner Wasabi

1 Mango, Milch, Kokosmilch und Puderzucker mixen.

2 Mangocreme erwärmen.

3 Den Rahm steif schlagen, Wasabi unterrühren. Zwei Esslöffel in den flüssigen Stickstoff tauchen (verhindert, dass die Masse klebt). Mit den Esslöffeln Klößchen formen. Klößchen in den flüssigen Stickstoff geben, mit dem Kaviarlöffel 2 bis 3 Mal wenden, herausnehmen.

4 Die Mangocreme in Tassen füllen, die Wasabiklößchen daraufsetzen, sofort servieren. Es bildet sich Dampf.

Wichtig
Die Esslöffel müssen für jedes Klößchen wieder in den flüssigen Stickstoff getaucht werden.

Vulkano

Abbildung

Aperitif

20 ml Holunderblütensirup
60 ml Wasser
1 g Agar-Agar

30 ml Grenadinesirup
1 dl/100 ml Wasser
1 g Agar-Agar

wenig Orangensaft
15 g Eiweiß
5 g Brausepulver, Seite 116

1 Holunderblütensirup und Wasser erhitzen, Agar-Agar unterrühren, auf die Shot-Gläser verteilen.

2 Grenadinesirup und Wasser aufkochen, Agar-Agar unterrühren, in die Shot-Gläser füllen.

3 Orangensaft und Eiweiß verquirlen, auf die Shot-Gläser verteilen, das Brausepulver darüberstreuen, rasch einen Schöpflöffel flüssigen Stickstoff daraufgießen.

Wasabiklößchen
Schutzbrille
Handschuhe
flüssiger Stickstoff

Vulkano
Shot-Gläser
flüssiger Stickstoff

Gemüsebrühe

100 g Knollensellerie
40 g Fenchel
100 g Karotten
60 g Lauch
90 g Zwiebeln
2 l Wasser
2 Gewürznelken

Das Gemüse putzen/schälen und
zerkleinern. Mit dem Wasser
und den Gewürznelken aufkochen,
bei schwacher Hitze 2 Stunden
kochen. Die Gemüsebrühe durch
ein Sieb passieren.

Brausepulver

50 g Zucker
5 g Natron (Sodapulver)
5 g Zitronensäuregranulat

Die Zutaten mischen.

Tomatensuppe

20 ml Olivenöl extra vergine
20 g Zwiebeln, fein gewürfelt
15 g Knollenselleriewürfelchen
10 g Lauchwürfelchen
40 g Tomatenpüree
300 g reife Fleischtomaten
1 l Gemüsebrühe
10 g Zucker
Salz, Pfeffer

1 Tomaten schälen, Stielansatz
ausstechen, Tomaten vierteln.

2 Olivenöl erwärmen, Zwiebeln,
Knollensellerie und Lauch andünsten,
Tomatenpüree und Tomaten mitdünsten, mit der Gemüsebrühe auffüllen. Etwa 20 Minuten garen,
bis das Gemüse weich ist. Pürieren.
Tomatensuppe mit Zucker, Salz
und Pfeffer abschmecken.

Kräuter-vinaigrette

30 ml Olivenöl extra vergine
30 ml Essig
1 g Xanthan
gehackte frische Kräuter
Salz, Pfeffer

Olivenöl und Essig aufmixen,
Xanthan untermixen. Kräuter
zugeben, abschmecken.

Mangochutney

150 g Mangowürfelchen
20 g Zucker
1 EL Essig
wenig Zimtpulver

Alle Zutaten kochen, bis die Masse
dickflüssig ist.

Melonenchutney

150 g Zuckermelonenwürfelchen
20 g Zucker
1 EL Essig
wenig Zimtpulver

Alle Zutaten kochen, bis die Masse
dickflüssig ist.

Erbsenpüree

für 100 g Gemüsepüree
10 ml Olivenöl extra vergine
10 g Zwiebeln, fein gewürfelt
120 g grüne Erbsen
2 dl/200 ml Gemüsebrühe
Salz, Pfeffer

Olivenöl erwärmen, Zwiebeln
andünsten. Erbsen zugeben,
mit der Gemüsebrühe ablöschen,
etwa 7 Minuten köcheln. Den
Pfanneninhalt mixen, durch
ein Sieb streichen. Das Erbsenpüree abschmecken.

Tomatenchutney

10 g Zucker
1–2 Tomaten, 100 g Fruchtfleisch
¾ dl/75 ml Wasser

1   Tomaten schälen, Stielansatz
ausstechen, Tomaten vierteln,
Kerne und die gallertartige Masse
entfernen. Fruchtfleisch würfeln.

2   Zucker in einer Pfanne leicht
karamellisieren, Tomaten zugeben,
mit dem Wasser ablöschen, die
Masse dickflüssig einkochen,
würzen.

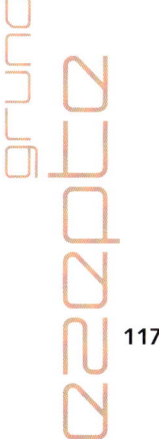

Rolf Caviezel

Rolf Caviezel, 1973 in St. Gallen geboren, ist ein leidenschaftlicher Akteur der Gastroszene. Der Autor war lange Zeit auf der Suche nach einer Weiterentwicklung der traditionellen Küche ... und hat sie denn auch gefunden. Die Molekularküche verbindet für ihn zwei wichtige Elemente: das Kochen als Kunst und die Experimentierfreudigkeit!
Von seinen Kochkünsten durften schon so bekannte Betriebe wie der Quellenhof in Bad Ragaz, das Grand Hotel Dolder in Zürich und das Suvretta House in St. Moritz profitieren. In Kanada arbeitete er als Privatkoch. Weitere berufliche Stationen waren das Alterszentrum Lingenhügel in Teufen sowie das Altersheim Kastels in Grenchen.

Weiterbildung erachtet er als Teil seines Jobs. So absolvierte er unter anderem die Hotelfachschule Belvoirpark in Zürich und den Lehrgang Gastronomiekoch Spital und Heim.

Beim Kochen ist er immer auf der Suche nach Neuem. Seine Kreationen wurden an Kochwettbewerben schon einige Male mit Edelmetall ausgezeichnet.

Rolf Caviezel ist Gründungsmitglied der ersten molekularen Kochplattform der Schweiz.
www.freestylecooking.ch

Bezugsquellen

Zu diesem Buch ist ein Grundtextur-
Baukasten mit 5 Grundtexturen
und 2 Utensilien erhältlich, der beim
Autor direkt bestellt werden kann:

freestylecooking GmbH
Kastelstrasse 109
2540 Grenchen
www.freestylecooking.ch

Unter dieser Adresse können auch
weitere im Buch erwähnte Hilfsmittel
bestellt werden.

Fondant und Glucose
erhältlich im Spezialgeschäft und in
Konditoreien

Flüssigstickstoff
zu beziehen bei PanGas
www.pangas.ch
und
Linde AG
www.linde.com

Register